네로는 어떻게 올림픽에서 우승했을까?

네로는 어떻게
올림픽에서 우승했을까?

세계사로 읽는 문화·예술·정치 이야기

글·사진 **김문환**

HOLIDAYBOOKS

서문

대구의 매일신문이 참 고맙다. 두루 빈 구멍이 많은 필자에게 칼럼 쓸 기회를 주시니 말이다. 5공 말기 신문사에 발을 들여놓은 뒤로 기자라는 생각을 지운 적이 없다. 현장을 취재하고 기사를 쓰거나, 뉴스를 만들어야 기자다. 민감한 정치·경제·사회 현장에서 역사와 예술 현장을 취재하는 것으로 분야는 바뀌었다. 문화를 다루는 지금이 더 좋다. 매일신문이 보내주는 신뢰에 보답하기 위해서라도 더 정확하게 취재하고 더 흥미롭게 글을 써야겠다고 다짐해 본다.

매일신문에 연재한 칼럼을 모아 책을 낸다. 미디어에서 다루는 정보는 시의성이 우선 덕목이다. 기자들이 독자나 시청자들의 관심을 끌 시의적절한 소재를 골라 다루는 이유다. 그러다 보니, 아무래도 정치 뉴스가 풍부한 한국 현실에서 정치 관련 현실을 역사 속에서 찾아 반추해 보는 글이 주를 이룬다. 역사 저널리스트라고 스스로 멋쩍게 표현하는 입장에서 더욱 그렇다. 로마의 공화정 전통을 깨고 왕정을 시도한 카이사르, 그렇게 등장한 로마 왕정에서 최악의 폭군으로 지칭되는 네로를 제목으로 삼은 이유다.

매일신문에 「김문환의 세계사」라는 이름으로 연재한 글 가운데 30편을 골라 1. 학문과 문화, 2. 예술과 종교, 3. 정치와 사법의 3분야로 나눠 싣는다. 흥미로운 역사 이야기 속에서 우리 사회가 돌아봐야 할 대목을 되새기는 책이 됐으면 좋겠다.

2000년 무덥던 6월 SBS 기자 시절 파리 2대학에 1년 유학의 기회를 얻어 떠났다. 파리에 도착하기에 앞서 45일 배낭여행으로 이집트와 시리아 등 오리엔트 6개국을 훑었다. 그 이후 지속된 역사 예술 탐방의 결과를 좀 더 성과 있게 이어가고 싶다. 처서(處暑) 지나 선선한 바람이 불어올 무렵 역사 예술 포럼을 만들어 활동하려는 이유다. 필자가 경험한 역사와 예술을 역사 강좌, 홈페이지, 유튜브를 통해 나눌 참이다. 어느 순간 모두 우주의 작은 먼지가 돼 날아가겠지만, 그래도 그때까지 역사와 예술에 관심 있는 분들께 작은 보탬이 됐으면 좋겠다. 그리고 역사와 예술을 사랑하는 모든 분들이 행복하시기를 바란다. 밖으로만 도는 역마살을 이해해 주는 아내와 귀여운 손녀에게 이 책을 바친다.

2025년 7월 창문 너머 한양도성을 바라보며

김문환

CONTENTS

서문 ……………………………………………………… 4

1장 학문 문화

2023년 10월
1. 인류의 문자는 어떻게 만들어졌을까? 문자 출현 ……………… 10

2024년 9월
2. 알파벳은 어떻게 생겨났을까? 알파벳의 출현 ………………… 19

2024년 10월
3. 독신 노벨이 혈육 대신 남긴 것은? 노벨상 ………………… 27

2023년 12월
4. 클레오파트라 덕에 달력이 생겼을까? 달력의 등장 ………… 35

2023년 11월
5. 1889년 엑스포와 에펠탑은 무슨 관계? 조선 첫 참가 ………… 44

2024년 8월
6. 고대 올림픽에 'UFC 격투기'가 있었다? 고대 올림픽 종목 ……… 52

2024년 8월
7. 월계관은 아폴론의 성범죄 산물? 월계관의 유래 ………… 61

2024년 2월
8. 인생은 짧고 의술은 길다? 서양의학 비조 히포크라테스 ………… 71

2024년 11월
9. 중세 흑사병의 진원지는 몽골? 우크라이나 ………………… 81

2장 예술 종교

2025년 7월
1. 인류의 시각예술은 언제 어디서 시작됐을까? 5만 년 전 인도네시아   92

2024년 12월
2. 로마 시대 '누드 예수 그리스도'가 가능했을까? 예수 누드 모자이크 103

2023년 4월
3. 예수 그리스도의 발자국이 남아 있을까? 쿼바디스 교회 111

2025년 1월
4. 지혜의 상징 솔로몬은 어떻게 태어났을까? 다윗과 밧세바 120

2023년 10월
5. 유대인은 왜 2천 년 가까이 고향을 떠나야 했나? 디아스포라 129

2023년 1월
6. 아랍 이슬람은 초기 어떤 모습이었을까? 아사비야, 실용, 검소 ... 138

2023년 11월
7. 예루살렘은 왜 종교 갈등의 화약고가 됐나? 세 종교 성지 148

2023년 8월
8. 아르키메데스가 컴퓨터를 발명한 것일까? 안티키테라 157

3장 정치 사법

2025년 2월
1. 로마 공화정의 진정한 법치 정신은? 공화정 설립자 브루투스 166

2025년 6월
2. 카이사르는 왜 클레오파트라 곁에서 암살됐는가? 로마 공화정 173

2024년 1월
3. 소크라테스는 왜 독배를 마셨는가? 진정한 법치 183

2025년 3월
4. 국가는 언제 어떻게 망가지는가? 소크라테스와 법 수호자 190

2025년 5월
5. 정의로운 판사란 무엇인가? 고대 사회의 정의로운 판결 197

2025년 6월
6. 네로황제는 올림픽에서 어떻게 우승했는가? 권력과 법원 205

2023년 8월
7. 판결 오류 판사는 영구 추방? 함무라비 법전 213

2025년 4월
8. 그리스 도편추방제가 폐지된 이유는? 탄핵............ 221

2023년 6월
9. 고대에도 가짜 뉴스 정치가 있었나? 페이시스트라토스 229

2024년 6월
10. 고대 그리스 의사당과 현대 의사당에 차이가 있나? 보울레우테리온 237

2023년 3월
11. 투키디데스 함정은 숙명인가? 델로스 동맹과 펠로폰네소스 전쟁 247

2023년 7월
12. 함무라비 왕과 한니발의 공통점은? 용병 256

2023년 7월
13. 지구촌 민주혁명의 대명사는? 프랑스 대혁명 264

1장

학문 문화

IN HONOREM PRINCIPIS APOST PAVLVS V BVRGHESIVS ROMANVS PONT MAX AN MDCXII PONT VII

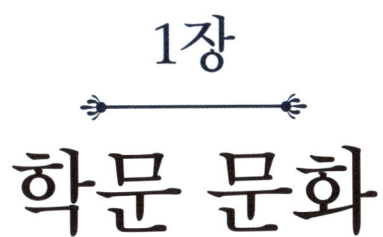

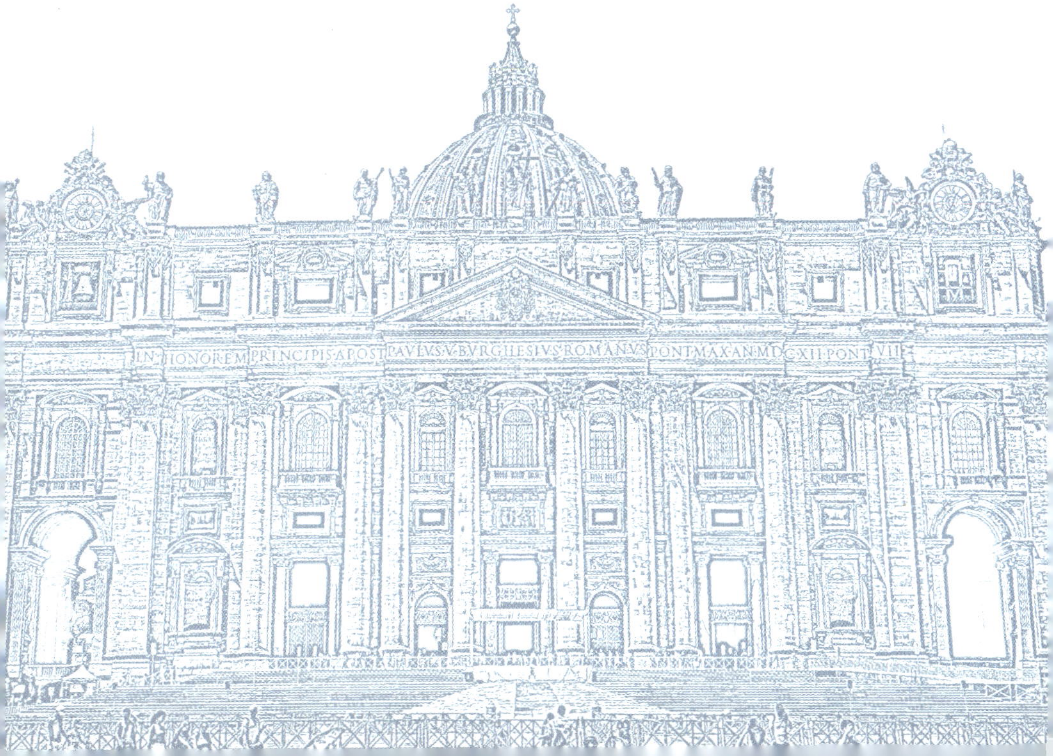

1. 인류의 문자는 어떻게 만들어졌을까? 문자 출현

1926년 조선어연구회가 음력 9월의 끝날 29일에 해당하는 양력 11월 4일을 '가갸날'로 삼았다. 1928년 '가갸날'을 '한글날'로 바꿨다. 1931년에는 날짜를 고쳤다. 음력이어서 매년 달라졌다. 그래서 1446년 9월 29일을 현대 그레고리력으로 환산한 10월 28일을 한글날로 고정했다. 그런데, 1940년 간송 전형필이 "정통(正統) 11년 9월 상한(上澣)에 정인지가 썼다."라는 『훈민정음(해례본)』을 찾아냈다. 명나라 6대 황제 정통제 11년은 1446년, '상한'은 상순(1~10일)이다. 이에 따라 1946년에 9월 상순의 끝날 9월 10일에 해당하는 양력

세종 동상. 광화문

10월 9일을 새 한글날로 정했다. 이렇게 태어난 한글날을 맞아 문자가 어떻게 생겨났는지, 문자 출현의 역사를 살펴본다.

문자는 신이 주신 선물이다?

프랑스 파리 루브르 박물관의 이집트 전시실로 가면 흥미로운 도자기 유물이 탐방객을 맞아준다. 푸른색 유약을 발라 반짝이는 도자기에는 2명의 인물이 등장한다. 오른쪽은 따오기 얼굴을 한 기록의 신 토트 (Thoth)다. 왼손에 나일강의 영원한 생명을 상징하는 열쇠, 앙크(Ankh)를 들었다. 오른손에 든 이집트 상형문자가 담긴 파피루스를 왼쪽에 서 있는 인간에게 건네준다. 토트가 인간에게 문자를 전달하는 순간을 담은 유물이다. 문자가 신의 선물이라는 생각은 아주 오랫동안 서양 세계에서 자연스러웠다.

서양은 로마 제국 후반기 이후 기독교가 지배한 사회다. 기독교는 유대인의 역사서『구약성경』을 신봉한다. 구약성경에는 창조주 야훼가 시나이반도 광야에서 모세에게 언약

이집트 기록의 신 토트가 인간에게 문자를 전달하는 모습. B.C.16세기. 루브르 박물관

메소포타미아 진흙 표식 토큰. B.C.33세기. 런던 영국 박물관

메소포타미아의 초기 상형문자 점토판 B.C.3300
~B.C.3000 루브르 박물관

메소포타미아의 초기 쐐기문자. 밭과 집 매각
계약서 B.C.2600. 슈루팍 출토. 루브르 박물관

함무라비 법전 비문 쐐기문자 B.C.18세기. 루브르 박물관

궤, 즉 약속의 서판, '십계명'을 전한다. 신이 문자를 만들어 약속의 말씀을
적은 뒤, 인간에게 준 것이니 문자는 신의 선물이었다. 인류 문자의 역사
는 이스라엘 히브리 문자로 생각해 왔다. 학문적 연구 결과도 그럴까?

네로는 어떻게 올림픽에서 우승했을까?

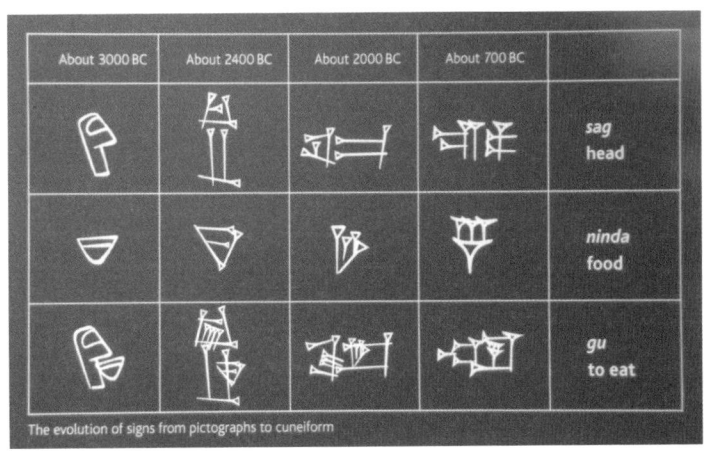

	About 3000 BC	About 2400 BC	About 2000 BC	About 700 BC	
					sag head
					ninda food
					gu to eat

The evolution of signs from pictographs to cuneiform

상형문자에서 쐐기문자로 전환을 설명하는 런던 영국 박물관의 그림. 런던 영국 박물관.

수효 상징 징표, 토큰(Token)과 셈

1753년 하노버 왕조 조지 1세 때 문을 연 런던 영국 박물관으로 가 보자. 현재 네오 클래식 양식의 건물은 1825년부터 시작돼 1852년 완공됐다. 2022년 기준 연간 4백만 명이 넘는 사람들이 방문하는 대영박물관 2층 메소포타미아 전시실에 작고 동그란 점토판 조각이 눈길을 끈다. 원을 나타내는 기호 3개와 선을 나타내는 기호 3개가 새겨져 있다. 문자가 나오기 전 선사 시대 사람들이 수효를 헤아리기 위해 만든 징표(Token)다. 메소포타미아 문명지인 이라크 젬데트나스르(Jemdet Nasr) 유적지에서 출토한 B.C. 33세기경 유물이다. 고고학자들은 다양한 지역의 신석기 농사 문명지에서 B.C. 7천여 년 이후 만들어진 이런 수효 표시 징표(Token)들을 발굴해 냈다.

그중 한 명인 여성학자 데니스 슈만트 베세라트(Denise Schmandt-Besserat, 1933~)는 1996년 쓴 『인간의 쓰기는 어떻게 생겨났는가(How Writing Came About)』이라는 책에서 이렇게 결론 내린다. "인간의 쓰기는 세는 것에서 나왔다(Writing emerged from counting)". 가령, 거둬들인 농작물, 사냥한 짐승, 잡아들인 물고기 등의 수효를 점을 찍거나 선을 긋는 방식으로 표시하다 문자로 발전했다는 가설이다, 그렇게 생긴 문자가 처음에 그림이었을까? 아니면 쐐기일까?

메소포타미아 문자, 상형문자에서 쐐기문자로

17세기 후반부터 예술품 소장 공간으로 활용되다 프랑스 대혁명 뒤, 1793년 박물관으로 문을 연 프랑스 파리 루브르 박물관으로 가 보자. 2022년 기준 연간 800만 명의 관람객이 몰려드는 루브르의 3개 전시관 가운데 왼쪽 리슐리외관 메소포타미아 전시실에서 다양한 점토판 유물을 만날 수 있다. 메소포타미아라면 쐐기문자라고 배웠는데, "처음부터 그랬을까?"라는 의문은 시대 순서대로 일목요연하게 정리된 점토판을 보는 순간 쉽게 풀린다. B.C.33세기경 사람 손이나 나무, 강물, 사자, 얼굴, 물병, 빵 등을 새긴 돌이나 점토판을 볼 수 있다. 그림문자 즉 물체의 형상을 본 따 만든 상형문자(象形文字)다. 여기서 조금 진화하면 단순한 그림의 나열에서 옆에 수효를 나타내는 점등이 같이 표시된 점토판으로 진화한다. 체계적인 문장으로 서술하기 시작했음을 알 수 있다. 점과 선에서 대상물(referent), 즉 빵이나 가축, 물병 등을 그림으로 그려 표현하고, 여기에 수효를 넣어 특정한 스토리를 명확하게 표현할 수 있는 문장으로 발달시켰음을

서기 차림의 궁정 왕자. 이집트 4~5왕조 B.C.2600~ B.C.2350. 루브르 박물관

네로는 어떻게 올림픽에서 우승했을까?

히에로글리프. 신성문자(神聖文字). 지구상 최고 피라미드의 주인공인 쿠푸 파라오의 딸 네페르티아베트(Nefertiabet) 공주 무덤 프레스코. B.C.2565~B.C.2500. 기자 출토. 루브르 박물관

알 수 있다. 문자 커뮤니케이션의 본격 출발이다. 인류 역사 문자의 탄생은 바로 그림문자, 즉 상형문자다. 그럼, 쐐기문자는 어떻게 나온 것인가?

루브르 전시실에서 보는 메소포타미아 초기 점토판들은 상형문자로만 기록되다 어느 순간 다른 형태의 문자가 나온다. 이라크 슈르팍(Shuruppak)에서 출토된 B.C.2600년 점토판 문서는 토지와 집을 매각하는 내용을 담았다. 그림이 아니고 부호형태다. 그 부호가 '쐐기(Wedge)'처럼 생겨서 쐐기문자라 하는데, 한자로 '쐐기'는 '설(楔)'이어서 설형문자(楔形文字)라고도 부른다. 영어로는 '큐니폼(Cuneiform)'이다. '쐐기'가 라틴어로 '쿠네우스(Cuneus)', '형태'는 '포르마(Forma)'다. 이를 따 프랑스로 '퀴네이포르므(cunéiforme)'가 생겼고, 영어도 발음만 다를 뿐 똑같이 표현한다. 사물의 형태를 일일이 그려서 표현하던 데서 부호로 바꾸자 쓰기가 한결 수월해졌고, 다양한 표현도 가능해졌다. 눈에 보이는 구상(具象)의 세계뿐 아니라

보이지 않는 추상(抽象)의 세계도 표현하면서 계약, 법전, 문학작품도 등장한다.

이스탄불 고고학 박물관에 가면 인류 역사 최초의 법전인 B.C.24세기 우르카기나(Urukagina)왕의 개혁책 점토판이 전시돼 있다. 단군 할아버지보다 더 오래됐다. 루브르 박물관에 전시 중인 B.C.18세기 함무라비 법전은 쐐기문자가 고도로 진화된 형태를 보여준다. 런던 영국 박물관은 상형문자가 쐐기문자로 진화하는 과정을 알기 쉽게 그림표로 만들어 소개한다. 그렇다면 고대 이집트는 어땠을까?

이집트 상형문자의 종류와 특징

루브르 이집트 전시실에는 이집트 문명을 상징하는 조형 예술품이 즐비하다. 그 가운데 문자의 역사와 관련해 가운데 단연 시선을 압도하는 작품은 '서기 좌상'이다. 책상다리로 반듯하게 앉아 파피루스 스크롤을 무릎

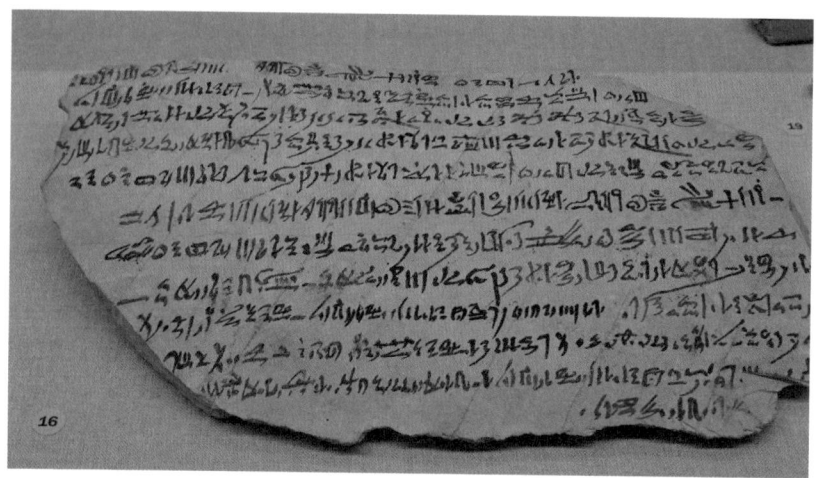

히에라틱. 신관문자(神官文字). 이집트 20왕조 람세스 4세 B.C.1165~B.C.1160. 시카고 대학교 동양학 연구소

네로는 어떻게 올림픽에서 우승했을까?

위에 얹고 필기하는 모습이다. 빼어난 균형미와 사실적 표현 기법에 놀라기에 앞서 조각이 빚어진 B.C. 26~B.C. 25세기 이집트 필기 문화를 확인할 수 있다. 이집트도 메소포타미아와 비슷하거나 약간 늦은 시기 상형문자로 문자 역사의 막을 올린다. 독일 고고학팀이 1998년 이집트 역사고도 아비도스 무덤에서도 300여 개의 진흙 표식을 발굴했는데 여기에 초기 형태 상형문자가 적혀 있다. B.C. 3200년 경이다.

카이로 고고학 박물관에 전시 중인 B.C. 31세기 이집트 역사 최초의 왕 나르메르 파라오의 팔레트에 초기 형태 상형문자가 보인다. B.C. 29세기가 되면 이집트 역사 2왕조 때 상형문자가 문장 형태로 등장한다. 이후 피라미드 시대인 고왕국 시대 B.C. 26세기를 거치면서 상형문자 숫자가 늘어나고, 람세스 2세의 B.C. 13세 800여 자, 그리스·로마 시대 무려 5천여 자의 상형문자가 사용됐다.

데모틱. 민중문자(民衆文字). 로제타 스톤 B.C. 2세기. 런던 영국 박물관

오른쪽에서 왼쪽으로 쓰거나 왼쪽에서 오른쪽으로 써도 괜찮은 이집트 상형문자는 3종류로 진화한다. 흔히 알고 있는 상형문자를 히에로글리프(Hieroglyph, 그리스어로 '신성한 문자'), 즉 '신성(神聖)문자'라고 부른다. 메소포타미아 상형문자가 쓰기 편하게 쐐기문자로 진화한 것처럼 이 신성문자도 신관들이 쓰기 편하도록 간소화시키는데 이를 히에라틱(Hieratic), '신관(神官)문자'라고 한다. 여기서 더 간소화한 문자를 일반인들도 쓸 수 있다는 의미에서 데모틱(Demotic), '민중(民衆)문자'라고 부른다. 특이한 점은 히에라틱, 데모틱으로 진화하면서도 원래 상형문자인 히에로글리프도 지속적으로 사용된 점이다.

더욱 중요한 대목은 이집트 상형문자가 사물의 모양을 본떠 만든 뜻글자이면서도 음가를 가진 자음과 모음의 음소(音素, 음의 기본단위)로도 활용됐다는 점이다. 상형문자인 동시에 알파벳(Alphabet)이었다. 상형문자로 쓰일 때는 뜻글자, 알파벳으로 쓰일 때는 뜻이 없이 자음과 모음으로 쓰였다. 중국을 비롯한 다른 지역 상형문자와 차별화되는 이집트 문자의 특징이다. 이집트 문자의 이런 측면이 오늘날 지구촌에 널리 쓰이는 알파벳의 토대가 된다.

메소포타미아 쐐기문자는 로마 시대 70년, 이집트 상형문자 히에로글리프는 394년, 이집트 민중문자는 452년 마지막으로 사용되고 역사의 뒤안길에 묻힌다. 인류 역사에서 3천 년 넘게 사용된 문자들이다. 한글의 역사가 600년이 채 되지 않는다는 점과 비교하면 굉장히 긴 세월 동안 사용되었음을 알 수 있다.

2. 알파벳은 어떻게 생겨났을까? 알파벳의 출현

『세종실록』28년(1446) 9월 기사를 보자. "이달에 훈민정음이 이루어지다 (是月訓民正音成)". 1443년 12월 만들고, 3년간 시험을 거쳐 1446년 9월 반포한 거다. 한글이 알파벳(Alphabet)일까? 그렇다. 알파벳 한글은 1443년 창제, 1446년 반포됐다. 그렇다면 인류 최초의 알파벳은? 그 기원으로 거슬러 올라간다.

알파벳, 음의 기본 단위로 구성된 문자

흔히 알파벳이라면 영어를 적는 문자로 생각한다. 하지만, 영어 문자라는 말은 없다. 라틴(Latin) 문자다. 고대 로마 제국에서 사용하던 문자다. 476년 로마 제국을 멸망시킨 게르만족은 문자가 없었다. 라틴 문자를 받아들였다. 게르만족 언어인 영어, 독일어 등 오늘날 서양 언어들이 라틴 문자를 사용하는 이유다. 알파벳은 그리스 문자의 첫째 모음 알파(A)와 첫째 자음 베타(B)의 합성어다.

특정한 소릿값(音價, 음가)을 갖고, 모든 소리를 표현하는 부호를 알파벳

경복궁 수정전. 한글 창제의 산실 집현전이 있던 자리다.

이라고 한다. 그러니, 자음과 모음 24개(제정 당시 28개) 부호로 모든 소리를
나타내는 한글도 알파벳이다. 라틴 문자가 형성된 것은 B.C.7세기경. 그
러니까 2천700여 년 된 라틴 문자가 오늘날 링구아 프랑카(Lingua franca, 서
로 통하지 않는 모국어 구사하는 화자들이 공통으로 사용하는 의사소통 수단)인 영어를 적
는 문자다. 이처럼 라틴 문자는 그리스 문자에서 나왔다. 그렇다면 그리스
문자는?

메소포타미아 문명지 시리아의 비극과 '우가리트 문자',
인류 역사 최초 전용 알파벳

중동의 시리아로 가 보자. 지금은 내란으로 접근이 어렵지만, 필자가 탐
방하던 2000년 여름만 해도 국내 대기업이 들어가 있고, 비자도 어렵지 않
게 얻을 수 있었다. 무엇보다 아직 내전 발생 전이어서 안전에 특별한 위
험 요인이 없었다. 그때 둘러본 시리아는 70년대 한국의 시골이나 농촌을

연상시켰다. 한적하고 평화로
우며 일견 고즈넉한 분위기였
다. 내륙은 무덥고 건조한 사
막이지만, 지중해 연안으로는
비옥하고 기후도 좋았다.

시리아는 고대 메소포타미
아 문명의 발원지 가운데 한
곳이다. 마리를 비롯해 메소

우가리트 왕궁 유적지. 현재 시리아 라스 샴라

포타미아 문명 시기 인류사를 수놓던 찬란한 역사 유적도 여럿이다. 그리
스·로마 시대 유적도 마찬가지다. 택시를 대절해 시골구석의 유적지를 찾
아다니다 무더위에 지칠 무렵, 농가에 들러 물을 얻어 마시며 갈증을 풀던
기억이 새롭다. 고향 아주머니와 아저씨 같은 정겨운 인심과 푸근한 분위
기의 시리아 국민이 독재자와 강대국의 잇속에 신음하며 내전에 시달려
아수라 속에 살아가니…, 정의의 신은 어디에 있는지 묻지 않을 수 없다.

쐐기문자의 형태를 빌린 우가리트 알파벳 점토판. B.C.14~B.C.13세기. 루브르 박물관

기독교 역사에서 신의 도시라 불리던 튀르키예 남부의 안타키아(안티옥). 이곳에서 시리아 국경 내부로 그리 멀지 않은 곳에 지중해 연안 도시 우가리트(Ugarit)가 자리 한다. 현재 아랍어로는

페니키아 비블로스 아히람왕 석관. 레바논 베이루트 국립박물관

'라스 샴라(Ras Shamra)'로 불린다. 우가리트는 페니키아인이 일군 B.C.14세기 유적지다. 고대 이집트와 메소포타미아는 물론 지중해 전역을 상대로 해상교역을 펼치던 페니키아는 단일국가가 존재하지 않았다. 그리스처럼 여러 도시국가로 나뉘었다. 비블로스, 티레, 시돈, 우가리트 등은 시리아와 레바논의 지중해 연안 지역이다.

우가리트 왕궁 유적이 발굴돼 많은 점토판 문서가 쏟아졌다. 이중 눈길을 끄는 유물은 '우가리트 문자' 점토판이다. 파리 루브르 박물관에 전시 중인 '우가리트 문자' 점토판이 갖는 의미는 무엇일까? 발음의 기본단위 음소를 부호로 만든 뒤, 이를 결합해 소리 나는 대로 적는 인류 역사 최초의 순수 알파벳이라는 점이다. 30개의 음소로 이뤄진 우가리트 알파벳은 일견 쐐기문자처럼 생겼다. 독창적인 생

아히람왕 석관 뚜껑에 새겨진 페니키아 문자. B.C.10세기. 베이루트 국립박물관

네로는 어떻게 올림픽에서 우승했을까?

요르단 국립박물관

김새가 아니다. 페니키아인들이 메소포타미아 지역과 교역하면서 메소포
타미아 쐐기문자를 보고 거기에서 형태를 빌려온 것이다. 마치 고대 일본

사람들이 중국 한자에
서 필요한 부분만 따서
음절을 만들 듯, 쐐기문
자에서 일부 형태를 따
인류 역사 첫 독자 알파
벳을 선보였다. 하지만,
왜 '우가리트 문자'가 후
대 지속적으로 사용되
지 못하고 알파벳 역사
에서 사라졌을까? 편리

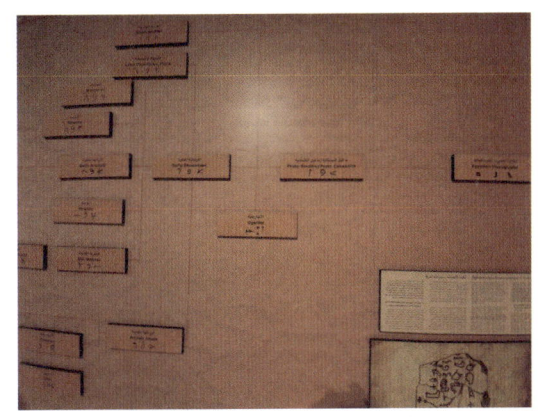

알파벳의 진화도. 맨 오른쪽에 이집트 상형문자, 그 왼쪽에 원시
시나이 문자, 그 왼쪽에 페니키아 문자 계통을 거쳐 페니키아 문
자가 많은 서영 문자로 진화하는 과정을 보여준다.

함을 추구하는 데서 혁신이 나오고, 혁신은 더 편리한 새로운 혁신에 밀린다.

비블로스의 페니키아 문자, 인류 최초 독창적 형태 알파벳의 기원과 파생

그 새로운 혁신을 찾아 우가리트에서 남쪽으로 더 내려가자. 국경을 넘어서 레바논이다. 레바논은 다른 중동 국가와 분위기가 사뭇 다르다. 이슬람교와 기독교가 공존하고, 아랍어와 프랑스어를 동시에 쓴다. 머리에 히잡을 쓴 여성을 만나기 어렵다. 해안에서 수영하며 저 멀리 산꼭대기를 바라보면 눈이 수북하다. 작지만 다양한 면모의 레바논은 티레, 비블로스 같은 고대 페니키아 도시국가들의 터전이었다. 수도 베이루트 국립박물관으로 가서 석관 하나를 살펴보자. 박물관 1층 왼쪽 구석에 모셔진 높이 1.4m, 길이 2.97m짜리 석회암 석관은 일견 투박하다. 하지만, 그 안에 담긴 의미는 반짝이는 어느 대리석 석관보다도 빛난다.

이집트 상형문자. 요르단 국립박물관

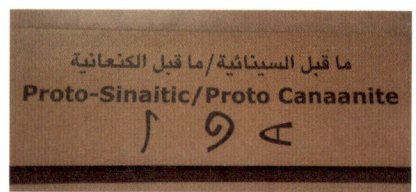

원시 시나이 문자. 요르단 국립박물관

페니키아 문자. 요르단 국립박물관

뚜껑에 "구블라(비블로스)왕 이토발이 아버지 아히람을 위해 석관을 만들었다."라는 취지의 170개 음소(부호), 38개 단어로 쓰인 글이 보인다. B.C.1000년경 제작된 이 석관 뚜껑 문자는 지금까지 발굴

네로는 어떻게 올림픽에서 우승했을까?

된 유물 중 가장 오래된 페니키아 문자다. B.C 12~B.C. 11세기경 해양 민족 페니키아인이 만든 페니키아 문자는 22개 자음으로 이뤄졌다.

페니키아 문자는 인류 역사 최초의 독자적 모델의 알파벳일까? 해답을 얻기 위해 요르단의 수도 암만에 있는 국립 요르단 박물관으로 가 보자. 요르단은 1만여 년 전 유적지와 귀중한 유물이 대거 출토되는 신석기 농사 문명 여명기의 보고다. 문자의 역사에서도 페니키아 알파벳의 후예인 아람 문자가 널리 쓰이던 지역이다. 요르단 국립박물관 문자 전시실에 가면 페니키아 문자와 이집트 문자 사이에 낯선 문자가 자리한다. 무엇일까?

교역에 종사하던 무역 민족 페니키아인의 최대 교역상품은 파피루스다. 무역상대국은 이집트다. 페니키아에서 이집트로 가려면 오늘날 화약고 가자 지구를 지나 시나이반도에 들러야 한다. 시나이반도는 지금은 이집트 땅이지만, 고대에는 이집트 문화의 영향이 강한 변방이었다. 페니키아인은 시나이반도 사람들이 쓰던 원시 형태의 알파벳을 보고, 이를 모방

페니키아 문자 비석. 레바논 비블로스 박물관

해 페니키아 문자를 만들었다. 요르단 국립박물관 문자전시실의 페니키아 문자( )-이집트 문자의 가운데 연결고리는 원시 시나이 문자다.

알파벳인 원시 시나이 문자의 기원이 이집트 문자다. 이집트 상형문자는 중국 한자처럼 하나하나 그림을 그린 뜻글자다. 하지만, 한자와 차이점은 특정 글자는 특정 음가를 갖는 알파벳으로도 쓰인 점이다. 시나이반도 사람들은 알파벳으로 쓰이던 이집트 상형문자에서 발음과 형태를 따 원시 시나이 문자를 만들었고, 이를 페니키아인이 모방해 페니키아 문자를 완성한 것이다. 결국, 페니키아 문자의 기원은 이집트 상형문자다.

22개의 간단한 부호만 익히면 모든 소리를 표현할 수 있는 획기적인 페니키아 알파벳은 급속도로 주변에 퍼져 나갔다. 페니키아 지방 그러니까 레바논을 기준으로 서쪽 그리스로 B.C.9세기경 전파돼 그리스 문자가 탄생했다. B.C.8세기 초 호메로스의 '일리아드' 같은 그리스 문자 서사시가 인류 문학사의 서막을 올렸다. 그리스 문자는 이탈리아반도의 에트루리아 문자를 거쳐 로마의 라틴 문자로 B.C.7세기 진화했다. 이 라틴 문자가 오늘날 영어, 프랑스어, 독어를 비롯해 서양 모든 언어를 담는 문자다. 그러니 서양 알파벳의 조상은 이집트 상형문자다.

3. 독신 노벨이 혈육 대신 남긴 것은? 노벨상

노벨상. 2000년 김대중 대통령의 평화상에 이어 한강 작가가 2024년 노벨 문학상을 받았다. 전남 목포에 김대중 노벨상 기념관이 있다. 전남 장흥군은 한강의 부친 한승원 작가의 생가를 사들여 기념관을 조성한다고 밝혔다. 노벨상에 얽힌 역사 속으로 들어가 본다.

아바의 나라, 북유럽 발트해의 진주 스톡홀름과 노벨상 박물관

비행기를 타고 스톡홀름 알란다 공항에 내리면 깜짝 놀란다. 공항 남쪽 37㎞ 지점의 스톡홀름 시가지로 들어가는 철도 요금 때문이다. '알란다 익스프레스'라는 공항 고속철도 왕복 요금이 8만 원에 가깝다. 파리나 런던, 로마, 아테네 같은 주요 서유럽 국가 공항철도에 비해 가격이 2~3배 비싸다. 70~80년대 전 세계 팝 음악계를 휩쓴 아바와 볼보의 나라인 동시에 고물가의 나라임을 실감한다. 대신 20분도 안 돼 스톡홀름 중앙역에 도착하니, 빠르기는 최고다.

6월 초 겪어본 스톡홀름 날씨는 해가 나면 봄, 구름이 해를 가리면 겨울

스웨덴 의회

이다. 한마디로 사람 살기는 좋지 않은 기후다. 대기의 질은 청정 그 자체다. 바다와 강으로 둘러싸인 물의 도시지만, 비릿한 내음도 없다. 시내 곳곳에 유서 깊고 고풍스러운 건물들이 즐비하다. 스웨덴, 핀란드, 러시아, 발트 3국, 폴란드, 독일, 덴마크가 접하는 발트해의 진주로 손색없다.

아바 박물관

스톡홀름 중앙역에서 나와 남쪽으로 걸으면 오른편에 스톡홀름 시청 건물이 보인다. 여기서 조금 더 걸어 바다에 이르면 2개의 섬이 눈앞에 나타난다. 왼

네로는 어떻게 올림픽에서 우승했을까?

노벨상 기념관

쪽으로 스웨덴 의회가 자리한 섬, 그 오른쪽으로 스웨덴 왕궁과 노벨상 박물관이 자리한 섬이다. 다리를 건너 섬 중심부 스토르토르게트 광장으로 발길을 옮긴다. 광장 북쪽 면에 르네상스 양식에 네오 클래식 파사드를 혼합한 2층 건물이 눈에 들어온다. 전 세계 많은 이들의 꿈의 무대, 노벨상을 기념하는 노벨상 박물관(Nobel Prize Museum)이다. 역에서 1.1㎞, 보통 걸음으로 15분 거리다.

생각보다 건물이 웅장하지 않다. 노벨상 시상식이 열리는 대극장은 스톡홀름 시청사다. 이곳은 단지 노벨상을 기리는 박물관이어서 평범한 2층 건물의 면모다. 노벨상 박물관은 1901년 시작된 노벨상 100주년을 맞아 2001년 문을 열었다. 원래는 노벨 박물관((Nobel Museum)이었지만, 2019년부터 상(Prize)을 넣어 노벨상 박물관이라고 부른다. 박물관 건물 1층에 여러 유물을 전시한다.

노벨 부조. 노벨상 박물관

네안데르탈인 두개골. 노벨상 박물관

한국인으로 가장 관심이 가는 유물은 한국인 최초 노벨상 수상자 김대중 전 대통령 기념물일 것이다. 1층 전시실 가운데 중간 벽면에 김대중 대통령이 사용하던 『성경전서 찬송가』가 반갑게 맞아준다. 독실한 가톨릭 신자였던 김대중 대통령이 2000년 노벨 평화상을 받은 뒤, 2001년 박물관 개관에 맞춰 기증한 도서다. 그 옆에는 1989년 노벨 평화상을 받은 티베트의 정신적 지도자 달라이 라마가 사용하던 불경(Sutra)과 염주가 눈인사를 건넨다.

기념관에 전시된 유물들은 120년 넘는 유구한 역사의 노벨상 수상자들이 자발적으로 기증했다. 필기구나 도서, 연구에 썼던 물품이나 생활용품들이다. 눈에 띄는 것들을 대략 꼽아 보면 우선 X-선을 우연히 발견해 인류 의료 기술 분야에 획기적 전기를 마련했던 뢴트겐의 X-선관(Tube)이다. 1908년 프랑스의 라 샤플 오 생(La Chapelle-aux-Saints)에서 출토된 5만 년 전 네안데르탈인 두개골도 눈길을 끈다. 40살 전후해 숨진 것으로 추정되는 고인류 네안데르탈인은 건강이 많이 나빠진 상태에서 숨졌고, 치아가 모두 빠진 것으로 밝혀졌다. 네안데르탈인은 현생 인류 호모 사피엔스에도 일부 유전자를 남기는 조상이어서 그런가, 좀 안쓰럽다. 퀴리 부인, 노벨 문학상의 윈스턴 처칠, 평화상의 넬슨 만델라 유물도 자리를 지킨다.

노벨상 수상 금지와 자발적 거부의 역사

유럽 현대사는 이 사람을 빼놓고 지나치기 어렵다. 히틀러. 1935년 독일 저널리스트 카를 폰 오시에츠키(Carl von Ossietzky, 1889~1938)가 반나치 성향 문필 활동으로 노벨 평화상 수상자로 결정됐다. 이에 히틀러는 1937년 1월 독일 국민은 노벨상을 받지 못하도록 하는 특별법을 제정했다. 별별 예외적인 입법과 탄핵에 매몰된 22대 대한민국 국회를 연상시

김대중 대통령 기증 성경. 노벨상 박물관

킨다. 히틀러의 이 특별법으로 1938년과 1939년 노벨상 수상자로 지명된 독일인 3명은 히틀러 사후 상금 없이 상장만 받아야 했다.

1958년 소련의 보리스 파스테르나크(Boris Leonidovich Pasternak,

달라이 라마 기증 불경과 염주. 노벨상 박물관

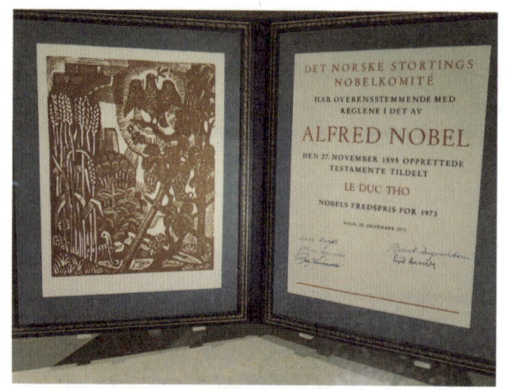

1890~1960)가 '닥터 지바고'로 노벨 문학상 수상자로 지명됐다. 하지만, 소련 정부의 강제 거부 조치로 사후 29년이 지난 1989년 수여됐다. 자발적인 거부자는 프랑스의 실존주의 철학자이자 작가 사르트르(Jean-Paul Sartre,

북베트남 레득토에게 수여하려 했던 1973년 노벨 평화상 상장. 노벨상 박물관

1905~1980)가 최초다. 1964년 노벨 문학상 수상자로 선정되자, "작가는 아무리 명예로운 상이라도 제도권으로 편입되는 일을 피해야 한다."라는 유

노벨 연구실 사진. 노벨상 박물관

명한 말을 남기고 거부했다. 노벨 문학상을 손꼽아 기다리는 나라나 작가들이 대세이지만, 이렇게 당당한 이유로 거부하는 사람도 있다는 점에서 인류 사회의 다양성이 읽힌다.

노벨의 발명품 다이너마이트. 노벨상 박물관

수상자에게 가지 못하고 노벨상 박물관에 남아 있는 상장도 있다. 1973년 노벨 평화상 공동 수상자 북베트남의 레득토(베트남어: Lê Đức Thọ, 1911~1990)에게 수여됐던 상장이다. 파리 회담으로 베트남 전쟁 종식의 돌파구를 연 미국의 키신저와 레득토는 노벨 평화상 공동 수상자로 지명됐다. 키신저가 상을 받은 것과 달리 레득토는 위원회에 감사의 뜻을 표하면서도 아직 전쟁이 종료되지 않았다는 이유로 상을 물렸다. 베트남 전쟁은 2년 뒤, 1975년 북베트남의 승리로 끝났지만, 상장은 지금도 그 자리에 남았다.

노벨상의 역사, 레비스트로스의 '이항구조'를 통해 본 노벨상의 특징

노벨상은 역설적이다. 특히 평화상이나 인간의 아름다운 정서를 보듬는 문학상이 그렇다. 노벨상은 1833년 스웨덴에서 태어난 노벨이 폭파와 파괴의 상징인 다이너마이트를 1866년 발명해 얻은 막대한 부로 마련됐으니 말이다. 인류학자이면서 후기 구조주의의 문을 연 레비스트로스(Claude Lévi-Strauss, 1908~2009)의 이항구조(二項構造)로 분석해 보면 폭파와 평화(인간 감정)는 대립 관계다. 이를 조정 중재하는 사기꾼(레비스트로스의 표현)이 노벨상이다. 노벨상이라는 신화는 상금이라는 세속적 물욕의 페티시(fetish)와 인간을 위한 최고 성과라는 속성을 동시에 지니며 폭파와 평화를 조율해 낸다.

1896년 63살로 이탈리아 산레모에서 숨진 노벨은 죽기 1년 전인 1895년, 재산을 사회에 환원한다는 유언장을 남긴다. 유언장은 "인류에게 가장 위대한 이익을 안긴 사람에게 수여한다."라는 내용만 있을 뿐 누가 무엇을 선정하고 누구에게 얼마를 주는지 구체적인 내용이 없다. 그래서, 논의 끝에 1900년 노벨 재단(5명으로 구성, 의장은 스웨덴 국왕 지명, 현재는 자체 선정)이 성립되고, 노벨 물리학상과 화학상은 스웨덴 과학원, 문학상은 스웨덴 한림원, 의학상은 스웨덴 카롤린스카 연구소 노벨상 위원회, 평화상은 노르웨이 노벨 위원회가 정하기로 한다. 1901년부터 상을 주기 시작했고, 스웨덴 사회과학원에서 정하는 경제학상은 1969년 첫 수상자를 냈다. 노벨 재산의 94%가 기금으로 들어왔고, 현재 2억 6천600만 달러다. 상금은 1백만 달러 정도.

독신이던 그는 단 한 명의 혈육도 남기지 않았지만, 인류가 존속하는 그날까지 가장 빛나는 이름이 될 노벨상을 남겼다. 노벨상 수상자가 아닌 노벨상 같은 상을 남길 한국인은 없을까….

네로는 어떻게 올림픽에서 우승했을까?

4. 클레오파트라 덕에 달력이 생겼을까? 달력의 등장

2023년이 저물어 간다. 인간의 삶은 희노애락애오욕(喜怒哀樂愛惡慾)의 7가지 정념(情念)으로 가득하다. 한 해 끝자락에 서면 7정(情)으로 빚어진 허물을 돌아보며 새해 마음가짐을 다잡기 마련이다. 그 과정에 달력이 빠질 수 없다. 달력은 언제 처음 만들어졌을까? 새물내 물씬 풍기는 달력을 펼쳐 희망찬 새해를 설계하면서 현대 달력의 등장 과정을 따라가 본다.

유물로 남은 가장 오래된 로마 달력과 역사

이탈리아 수도 로마로 가 보자. 바닷가 피우미치노의 레오나르도 다빈치 공항에 내려 기차를 타면 32분 만에 로마 중심지 테르미니역에 내린다. 테르미니역 광장 맞은편에 국립박물관이 자리한다. 3세기 디오클레티아누스 황제가 만든 목욕탕 잔해에 만들었다. 하지만, 주요 유물은 그 왼쪽 팔라조 마시모 박물관에서 탐방객을 맞는다. 로마문화의 정수를 보여주는 유물 가운데 달력이 눈길을 끈다. 종이 달력을 연상하면 곤란하다. 중국에서 종이가 전파되기 전이다. 벽에 검은색과 붉은색 물감으로 썼다. 두

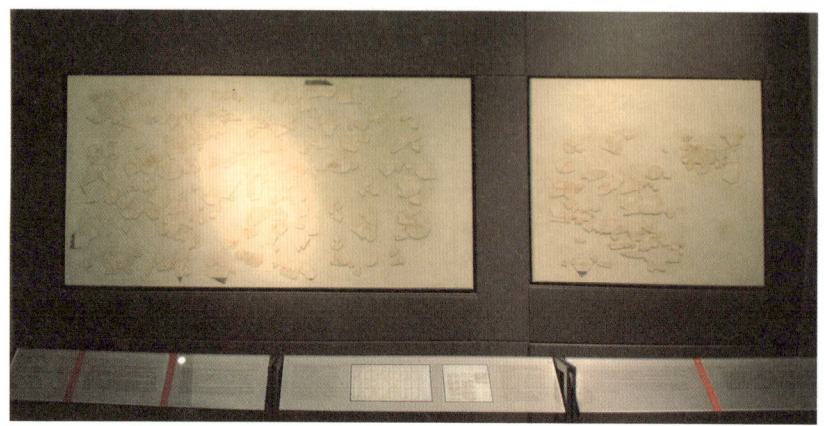

로마 공화정 시대 달력과 공직자 명단. 지금까지 밝혀진 가장 오래된 로마 달력. B.C.2~B.C.1세기. 팔라조 마시모 박물관

달력 세부 내용. B.C.2~B.C.1세기. 팔라조마시모 박물관

부분으로 나뉘는데, 왼쪽 큰 부분은 달력, 오른쪽 작은 부분은 B.C.187~B. C.84 사이 로마 집정관과 감찰관 같은 주요 공직자 명단이다. 달력이 B.C.1세기 공화정 말기에 제작 되었다고 추정하는 이유 다. 지구촌에 남아 있는 가장 오래된 로마 달력으로 꼽힌다.

로마 달력의 역사는 B.C.753년 로마 건국 당시로 거슬러 올라간다. 초대 로물루스 왕이 달력을 선보인다. 박물관 측은 로물루스 왕이 밤하늘의 달을 기준으로 1년을 10달로 나눴다고 설명한다. 3월(MARTIUS), 4월(APRIPIS), 5월(MAIUS), 6월(IUNIUS), 7월(QUINTILIS), 8월(SEXTILIS), 9월(SEPTEMBER), 10월(OCTOBER), 11월(NOVEMBER), 12월(DECEMBER)이다. 날짜

네로는 어떻게 올림픽에서 우승했을까?

알렉산드리아. B.C.332년 알렉산더가 이집트를 정복한 이후 지시해 건설하기 시작한 도시로 프톨레마이오스 왕조 수도였다.

는 304일뿐이었다. 정확하지 못해 많은 혼선이 생기자, 로물루스를 계승한 사비니 부족 출신 2대 왕 누마 폼필리우스(Numa Pompilius Marcius, 재위 B.C.715~B.C.673)가 1월(IANUARIUS)과 2월(FEBRUARIUS)를 추가해 12달로 늘렸다. 그래도 1년이 355일에 그쳐, 3년에 한 번씩 윤달을 넣어 태

프톨레마이오스 1세. 마케도니아 출신 알렉산더의 부하 장군으로 알렉산더 사후 이집트 총독으로 갔다가 이집트 왕을 선언하고 이집트에 프톨레마이오스 왕조를 세웠다. 런던 영국 박물관

양력과 같은 365일 시스템을 갖췄다. 로마는 B.C.1세기 카이사르 시대까지 이때 만든 음력 누마력을 쓰며 팍스 로마나(Pax Romana)를 일궜다.

이집트 태양력과 율리우스력의 역사

이집트의 지중해 연안 도시 알렉산드리아로 발걸음을 옮긴다. 수도 카이로나 역사고도 룩소르와 달리 무더위도 덜하고 비옥하다. B.C.332년 이집트를 차지한 알렉산더의 명령으로 건설된 도시다. 알렉산더는 B.C.331년 이집트를 떠나 페르시아제국을 멸망시키고, B.C.323년 메소포타미아 역사고도 바빌론에서 숨진다. 알렉산더 부하 프톨레마이오스 장군이 이집트 총독으로 와서 B.C.305년 알렉산드리아를 수도 삼아 그리스 왕조를 세운다. 프톨레마이오스 왕조(B.C.305~B.C.30)다.

카이사르 얼굴 조각. 베를린 알테스 박물관

클레오파트라. 이집트 프톨레마이오스 왕조의 마지막 파라오 클레오파트라 7세를 새긴 동전이다. 런던 영국 박물관

이집트는 그리스와 비교할 수 없을 정도의 유구한 역사와 뛰어난 학문, 문화, 예술의 전통을 가졌다. 정교한 달력도 만들었다. 고대 이집트인들은 가장 밝은 별 '시리우스'가 일출 직전 동쪽 지평선에 나타나면 나일강 범람이 시작되고 365일 뒤 반복되는 현상을 관찰로 알아냈다. 1년을 365일로 삼은 근거다.

1달은 30일로 정했다. 달이 29.5일 주기로 반복되는 현상을 관찰했기 때문이다. 30일씩 12달이니 1년은 360일에 그쳤다. 그래서 매년 12달 뒤에 5일을 덧붙였다. 12달에 없는 5일을 공짜로 썼다고 할까⋯. 3년에 한 번씩 윤달을 넣는 로마의 음력보다 매년 5일만 추가하면 되는 이집트 태양력이 정교

밀라노 대성당. 5세기 처음 세워진 자리에 14세기 완공한 고딕 양식 성당이다.

하고, 쓰기 편했다. 그리스계 프톨레마이오스 왕조도 이집트의 태양력을 그대로 이어받았다. 프톨레마이오스 왕조의 마지막 파라오가 프톨레마이오스 장군의 8대손 클레오파트라 7세(Cleopatra VII Philopator, B.C.69~B.C.30)다. 널리 알려진 그 클레오파트라다.

무대를 런던 영국 박물관으로 옮겨보자. 로마 유물 전시실에서 클레오파트라의 얼굴이 탐방객을 기다린다. 입체적인 조각이나 화려한 그림이 아니어서 다소 아쉽다. 작은 청동 주화다. 그리스 마케도니아 출신답게 머리에 승리를 상징하는 디아뎀을 두른 모습이다. '인간은 생각하는 갈대'라고 꿰뚫은 프랑스 철학자 파스칼의 1670년 유고집『팡세(Pensées)』를 보자. "클레오파트라의 코가 좀 낮았다면 지구의 전체 모습이 바뀌었을 것이다." 얼마나 콧대가 높고 미인이었던 걸까? 주화 속 얼굴 모습만으로는 확인하기 어렵다.

클레오파트라의 첫 연인은 카이사르(Gaius Julius Caesar, B.C.100~B.C.44)다. B.C.48년 이집트에서 처음 만났을 때 클레오파트라 21살, 카이사르는 52살. 둘은 나일강 강가에서 뜨거운 사랑을 나눈다. 소문난 카사노바 카이사르가 로마로 돌아갈 때, 임신한 클레오파트라는 미래의 아기 아빠 카이사르에게 알렉산드리아 학술 연구 기관 무세이온의 천문학자 소시게네스를 딸려 보낸다.

소시게네스는 로마에서 이집트 태양력에 기초한 새 달력을 제안한다. 카이사르가 이 달력을 받아 B.C.45년 11월 1일 자로 시행한다. 율리우스 카이사르의 이름을 딴 율리우스력이다. 소시게네스는 1년을 365.25일로

스포르차 성. 밀라노의 지배 가문이던 스포르차 가문이 15세기 완공한 성

네로는 어떻게 올림픽에서 우승했을까?

로마 황궁터. 284년 디오클레티아누스 황제 이후 제국을 4등분해 통치하는 테트라키아 정치 시스템이 나오면서 서로마 제국 수도 역할을 한 곳은 로마가 아니라 밀라노. 로마시대 메디올라눔(Mediolanum)으로 불렸다. 이곳 황궁에서 313년 서로마 콘스탄티누스 황제와 동로마 리키니우스 황제가 만나 밀라노 칙령이라는 기독교 공인 정책을 마련했다. 지금은 주택가 한복판에 황궁터만 일부 남아 있다. 또 황궁터에 고고학 박물관을 세웠다.

계산했지만, 달력에서는 365일이므로 1년에 0.25일이 남는다. 4년에 1일이 더 생긴다. 그래서 4년에 1번씩 1일을 추가하는 방식으로 0.25일 문제를 해결한다. 이 율리우스력이 오늘날 지구촌에서 쓰는 달력일까? 아직아니다.

이탈리아 북부의 패션 도시 밀라노로 가 보자. 14세기 고딕 양식의 웅장한 밀라노 대성당과 15세기 르네상스 양식의 스포르차 성이 위용을 뽐낸다. 성당에서 남서쪽으로 15분여 걸으면 밀라노 고고학 박물관이다. 로마 왕궁터에 세웠다. 뒤쪽에 남은 잔해가 왕궁의 전설을 떠올려준다. 이곳에서 인류 역사가 새로 쓰였다. 콘스탄티누스 대제(Flavius Valerius Aurelius Constantinus, 272~337)가 313년 동로마 황제 리키니우스와 밀라노 칙령을 내, 기독교에 자유를 안긴 장소다. 12년 뒤 325년 니케아 공의회는 부활절 날짜를 정한다. 기독교에서 부활절의 의미는 각별하다. 부활을 통해 예수 그리스도는 인간 영역을 벗어나 신의 반열에 오른다. 기독교 신앙의 원초적 토대다. 이후 기독교는 비약적으로 팽창하며 로마 국교 지위에 오른다.

서로마 제국 멸망 뒤, 게르만족의 중세에도 기독교는 유일 종교로서 위치를 굳힌다. 그런데, 문제가 생긴다. 율리우스력의 1년은 365.25일인데, 실제 지구의 태양 공전 주기는 365.2422일이다. 1년에 0.0078일이 더 계산된 셈이다. 128년에 1일, 400년에 3일씩 있지도 않은 날이 더 생긴다. 기독교계는 이를 심각한 문제로 봤다. 기독교의 신앙적 뿌리 부활절 날짜

바티칸 베드로 대성당

네로는 어떻게 올림픽에서 우승했을까?

때문이다. 325년 니케아 공의회에서 정해진 부활절 날짜가 1500년대 9일 이상 밀렸다. 부활절을 엉뚱한 날에 기리는 문제를 풀어야 했다.

그레고리력 제정

로마를 가로지르는 테베레강 서쪽에 있는 교황의 거처 바티칸으로 가 보자. 베드로 대성당 돔 천장에 오르면 베드로 광장과 로마 시가지가 한눈에 펼쳐진다. 장관이다. 1582년 이곳에서 교황 그레고리 13세는 천문학자이자 수학자 클라비우스에게 달력 개정을 주문한다. 클라비우스의 계산을 바탕으로 교황은 1582년 10월 4일 자정 즉 5일 0시를 10월 15일로 삼는다. 지난 1200년간 생긴 10일을 없애며 부활절 날짜를 325년 니케아 공의회 시절로 되돌린 거다.

이를 그레고리력이라고 부른다. 현재 인류가 사용하는 달력이다. 율리우스력은 4년에 1번, 400년에 100번 1일을 늘리는데, 그레고리력은 400년에 97번 1일을 늘린다. 율리우스력은 128년마다 1일씩, 그레고리력은 3,000년에 1일씩 없는 날이 생긴다. 그러니까, 서기 4500년쯤 1일 오차가 생긴다. 그만큼 정교해진 거다.

우리나라는 1895년 명성황후가 시해된 을미사변 뒤, 일제가 주도한 을미개혁 때 그레고리력을 채택한다. 1054년 로마 가톨릭과 갈라선 그리스 정교 권의 그리스, 키프로스, 러시아에서는 종교적으로 지금도 율리우스력을 쓴다. 그래서 크리스마스가 1월 7일이다. 그레고리력을 만들 때보다 13일이 더 뒤로 밀렸다. 파스칼이 높이 치켜세운 그리스계 금발 이집트 여왕 클레오파트라와 로마 카이사르의 러브 어페어가 달력 앞에서 새삼스럽게 느껴지는 세모(歲暮)다.

5. 1889년 엑스포와 에펠탑은 무슨 관계? 조선 첫 참가

2030 세계박람회, 일명 엑스포(Expo) 개최지 결정에서 부산은 사우디아라비아 수도 리야드에 밀려 탈락했다. 엑스포 개최지는 1928년 결성된 국제박람회기구 BIE(Bureau International des Expositions) 본부가 있는 파리에서 182개 회원국 투표로 개최지를 가린다. 평등한 1국가 1표다. 세계박람회의 역사로 들어가 본다.

프랑스 에펠탑, 파리 세계박람회 기념물

프랑스 파리로 가 보자. 가을의 주제곡, 1946년 이브 몽탕이 처음 부른 고엽(Les Feuilles Mortes)의 그윽한 선율이 울려 퍼지는 센 강변에 있는 금자탑이 눈에 들어온다. 높이 324m의 에펠탑을 보기 좋은 위치는 3곳이다. 우선 군사학교(Ecole Militaire) 앞 마르스 광장이 꼽힌다. 군사학교는 1751년 루이 15세가 장교 양성 목적으로 세웠다. 1784년 나폴레옹이 입학해 2년 과정을 월반한 뒤, 1년 만에 포병 소위로 임관한 학교다. 1789년 터진 프랑스 대혁명은 코르시카 출신의 무명 나폴레옹을 역사적인 인물로 키웠

개선문 전망대에서 바라본 파리 시가지 전경

다. 1795년 나폴레옹이 대포부대를 이끌고 반혁명 세력을 일소하며 위기에 빠진 혁명을 구했기 때문이다. 비록 1804년 황제가 되며 혁명을 뒤엎어 버렸지만….

군사학교 근처에 나폴레옹 묘소 앵발리드도 자리한다. 에펠탑 조망 2번째 포토존은 센강 비르하켐 다리다. 에펠탑 서쪽 정경과 센강이 어울린 입체적 구도가 잡힌다. 가장 많은 인파가 몰리는 장소는 센강 이에나 다리 북쪽 샤요(Palais de Chaillot)궁 테라스다. 현재 인류박물관으로 활용되는 샤요궁 테라스에 서면 에펠탑 북쪽 전경이 기막히게 펼쳐진다. 프랑스의 상징 에펠탑은 왜 만든 것일까? 엑스포 기념물이다.

프랑스 대혁명 100주년을 기념해 1889년 '프랑스 대혁명'이라는 주제로 엑스포가 열렸다. 상징 기념물 공모전 콘셉트는 철강산업. 1870년 제3공화국을 출범시켜 민주공화국을 일군 프랑스는 영국에 이어 선진 공업 국가로 거듭나는 중이었다. 산업의 핵심, 철강 생산능력을 상징할 기념물 공

센강 북단 샤요궁에서 바라본 에펠탑 북쪽 면 전경

모전에서 귀스타브 에펠(Alexandre Gustave Eiffel, 1832~1923)의 출품작이 뽑혔다. 에펠은 이에 앞서 미국 뉴욕 자유의 여신상 제작에 참여한 전문가였다. 프랑스 국민 성금으로 만들어 미국에 건네진 자유의 여신상을 제작했을 때 철제 비계 공법을 적용한 인물이 에펠이다. 1886년 뉴욕 자유의 여신상, 1889년 파리 에펠탑. 아메리카와 유럽을 상징하는 2개의 기념물이 에펠의 손끝에서 피어난 셈이다.

　에펠탑은 1887년 1월 28일 공사에 들어가 2년 여만인 1889년 3월 31일 준공식을 가졌다. 1889년 5월 5일 파리 엑스포 개장에 맞춰 6일부터 일반에 문을 열었다. 에펠탑 덕분에 1889년 파리 엑스포는 흔한 말로 대박을 쳤다. 10월 31일까지 6개월간 진행된 엑스포에 35개국이 참여하고, 무려 3천250만 여명의 관람객이 다녀갔다. 에펠탑이 인기만 얻었을까?

파리의 또 다른 명물 샹젤리제 개선문으로 가 보자. 나폴레옹이 만든 개선문 꼭대기 전망대에 올라 보면 파리의 고풍스러운 석조건축물과 철골구조 에펠탑이 부조화의 조화를 이룬다. 건축 당시 에펠탑은 도시미관을 해치는 흉물로 취급받았다. 『여자의 일생』으로 널리 알려진 세계적인 단편 소설가 모파상은 매일 점심을 에펠탑 내부 식당에서 먹었다. 그 이유를 물으니, 파리에서 유일하게 에펠탑이 보이지 않기 때문이라는 답을 내놨다. 재치문답을 넘어 혐오가 읽힌다. 에펠

에펠탑 내부 철 구조물. 제작 당시 고풍스러운 석조 도시 파리의 흉물로 비판받으며 20년 뒤 헐릴 예정이었다.

에펠탑 아치 뒤로 보이는 마르스 광장과 프랑스 군사학교. 나폴레옹은 1785년에 이 군사학교를 졸업하고 포병 소위로 임관했다.

버킹엄궁. 뒤쪽 숲이 그린 파크와 하이드 파크다. 1851년 하이드 파크에서 제1회 세계 엑스포가 열렸다.

탑은 세계박람회 개최 당시 20년 시한부였다. 하지만, 이미 파리의 명물로 자리 잡은 에펠탑 철거 반대 여론이 일었다. 무엇보다 21세기 들어 발전한 방송 기술이 에펠탑의 명줄을 늘렸다. 방송탑 활용.

1876년 벨이 유선전화기, 1901년 캐나다 페세덴이 무선 전파 목소리 전달 기술을 선보였다. 1904년 영국의 플레밍은 2극 진공관을 발명하고, 1906년 미국의 리 드 포리스트는 3극 진공관을 발명한 데 이어 1908년 에펠탑에서 최초의 라디오 실험방송까지 마쳤다. 1909년에 20년 허가 만기로 해체 위기에 몰렸던 에펠탑이 구사일생의 구세주, 방송을 만난 거다. 1918년 에펠탑에 라디오 송신탑이 설치되고, 1923년 프랑스 라디오 방송이 시작되면서 에펠탑의 위치는 공고해졌다. 1991년 유네스코 세계문화유산에 올랐고, 지금은 세계에서 가장 많은 사람들이 입장료를 내고 들어

네로는 어떻게 올림픽에서 우승했을까?

가는 기념물로 격을 높였다. 하루 2만 5천 명, 1년 9백만 여명이 찾는다. 모파상이 지하에서 에펠탑을 바라보며 바게트를 베어 물지도 모르겠다.

엑스포의 역사와 조선의 엑스포 참여

한국은 언제 처음 엑스포와 만났을까? 1889년 에펠탑, 파리 엑스포다. 1883년 조미 수교 이후 외교사절 보빙사가 미국을 방문했을 때 마침 열리던 보스턴 기술공업 박람회에 비공식으로 물품을 출품한 적은 있다. 하지만, 정부 공식 사절단이 간 것은 1889년 파리 엑스포가 최초다. 전시관을 열지는 못했다. 민영찬이 이끈 사절단이 당시 에펠탑을 보고 어떤 생각을 했을지 궁금해진다. 이후 1893 시카고 엑스포, 1900년 파리 엑스포에 조선 정부와 대한제국은 전시관을 마련하고 물품도 선보였다. 이후 다시 참가한 것은 1962년 미국 시애틀 대회에 대한민국 이름으로다. 61년 만인 2023년 엑스포 유치에 실패해 화룡점정을 찍지는 못했다. 엑스포는 인류 역사에 언제 처음 등장했을까? 19세기 해가 지지 않는 나라, 세계 최고 공업국이던 영국 런던으로 가 보자. 영국 왕실의 거처 버킹엄궁에서 동쪽으로는 세인트 제임스 파크와 영국 정치 중심지 웨스트민스터 구가 펼쳐진다. 버킹엄궁 서쪽으로는 그린 파크와 드넓은 하이드 파크가 붙었다. 버킹엄궁 앞 광장에는 빅토리아 여왕 조각이 우뚝 솟았다.

하이드파크

버킹엄궁 빅토리아 여왕 동상. 빅토리아 여왕이 1851년 1회 세계 엑스포 개회를 선언했다.

1900년 파리 엑스포 겸 올림픽 포스터.
1900년 파리와 1904년 세인트루이스 엑스
포는 올림픽과 공동으로 열렸다. 아테네 올
림픽 스타디움 기념관

빅토리아 여왕이 1851년 5월 1일 하
이드 파크 수정궁(Crystal Palace)에서 제
1회 엑스포 개막을 선언했다. 수정궁
은 철골에 유리를 덮은 유리온실 구조
다. 길이 564m, 높이 39m로 축구장 18
개 크기다. 투명 수정처럼 보여 수정궁
으로 불리던 개최 장소는 1936년 화재
로 흔적도 없이 사라졌다. 1776년 제임
스 와트의 증기기관 발명으로 생산 혁
명, 1825년 철도로 유통혁명을 일군 영
국의 산업 성장 과시 자리가 1회 엑스
포였다.

네로는 어떻게 올림픽에서 우승했을까?

1896년 현대 올림픽 부활 뒤, 1900년 파리올림픽, 1904년 미국 세인트루이스 올림픽은 세계엑스포와 동시 개최됐다. 현재 엑스포는 2종류다. 등록 엑스포(Registered Expositions)는 인간과 관련된 모든 것들을 다룬다. 개최 기간은 보통 6개월이다. 5년 주기로 열린다. 참가국이 자국전시관을 비롯해 참가 비용을 댄다.

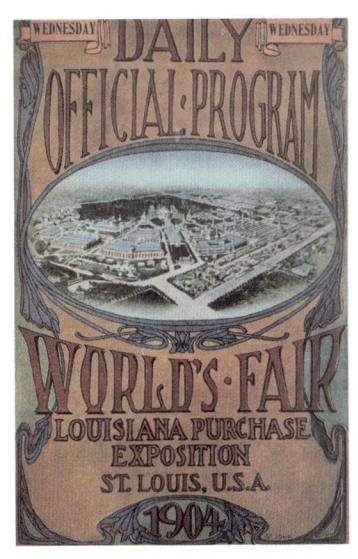

1904년 미국 세인트루이스 세계 엑스포와 올림픽 포스터. 아테네 올림픽 스타디움 기념관

인정 엑스포(Recognized Expositions)는 등록 엑스포가 개최되는 사이에 열린다. 기간은 보통 3개월이다. 개최국이 모든 시설을 준비하며 주제도 특정 분야로 제한된다. 1993년 대전 과학 엑스포, 2012년 여수 해양 엑스포가 그 예다. 1889년 에펠탑의 파리 엑스포에 전시관도 없이 처음 참가했던 한국은 이제 21세기 세계 경제와 문화 영역에서 독보적인 영역을 굳혔다. 등록 엑스포를 개최할 여건이 무르익었다. 사우디에 밀렸지만, 다음을 기대해 본다.

6. 고대 올림픽에 'UFC 격투기'가 있었다? 고대 올림픽 종목

2024년 26일 막을 올린 파리 올림픽. 206개 나라 1만 500명 선수가 11일까지 17일간 32개 종목, 329개 경기에서 자웅을 겨뤘다. 문득 궁금하다. 꼭 2,800년 전 B.C.776년 닻을 올린 올림픽은 며칠간 몇 개 종목 경기로 불을 뿜었을까? 흥미로운 고대 올림픽 경기로 들어간다.

B.C.4세기 이후 12개 종목으로 5일간 올림픽을 치렀다. 그렇게 정착되기까지 과정에서 어떤 종목들이 스타디온에 모인 시민들의 환호를 자아냈을까? 이번 올림픽이 열리는 파리 센강 강변 루브르 박물관으로 가 보자. 가운데 쉴리관 2층으로 가면 그리스 도자기 전시실이 나온다. B.C.500년 경 제작된 흑색 인물 기법의 그리스 도자기 한 점을 보자.

그림 속에 등장하는 인물은 3명. 모두 팔을 크게 들어 올려 있는 힘을 다해 달린다. 이 경기종목은 '스타디온(Stadion)'. 1스타디온(약 192m) 거리를 달리는 경기로 현대의 200m 달리기다. 정확히 2,800년 전 그리스 올림피아에서 열린 1회 올림픽은 스타디온 단 한 경기만 치렀다. 시쳇말로 싱겁게 끝났다. 눈 깜짝할 새 200m 달렸을 테니, 20여 초 만에 대회 종료….

이후 B.C.724년 14회 대회에 현대의 400m에 해당하는 '디아울로스(Diaulos)'가 추가됐다. 1스타디온 길이에 맞춰 건설된 경기장 스타디온을 오가는 경기다. '디(Di)'는 2, '아울로스(Aulos)'는 관이 2개 달린 피리다. 그러니까, '디아울로스'는 이름 자체에 왕복 의미가 들어간다. B.C.720년 15회 대회에는 '돌리코스(Dolichos)' 경기가 나온다. 1스타디온 거리를 20~24번 왕복했으니, 현대로 치면 5,000m 달리기다. 런던 대영박물관의 그리스 도자기 그림을 보면 돌리코스 선수의 양팔은 허리춤에 머문다. 5,000m나 되는 거리를, 팔을 높이 들고 전력 질주할 수는 없다. 고대 올림픽에서 달리기 3(Tri)종목, 즉 스타디온, 디아울로스, 돌리코스 3관왕을 차지하면 트리아스테스(Triastes)라고 불렀다.

B.C.708년 18회 대회에서는 달리고 마는 멋쩍은 올림픽에 종지부를 찍는다. 상체를 밀거나 잡아당겨 상대를 3

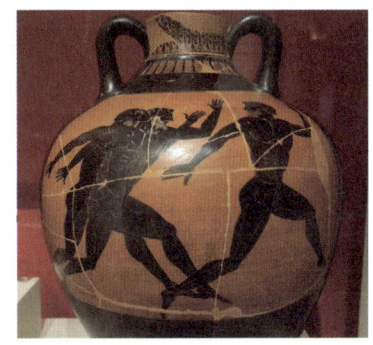

스타디온 경기 장면. 그리스 도자기 그림. B.C.500년. 루브르 박물관

돌리코스 경기 장면. 그리스 도자기 그림. B.C.5세기. 런던 영국 박물관

레슬링 경기. B.C.5세기. 아테네 고고학 박물관

디스코볼로스. B.C.5세기 미론 원작. 로마 시대 복제품.
로마 팔라조마시모 박물관

번 엉덩방아 찧게 하거나 넘어트리면 승리하는 레슬링이 선을 보였다. 오늘날 그레코로만(Greco-Roman) 레슬링이라고 부른다. 선수들은 머리채를 휘어잡히지 않으려고 머리를 짧게 깎거나 가죽으로 만든 모자를 쓰고 경기에 나섰다. 올림픽 본선에는 16명만 참여할 수 있었다. 참가자가 1명뿐이면 그냥 우승했는데, 이 사람을 '아코니테이(Akonitei)'라고 불렀다. '먼지 하나 묻히지 않았다'라는 뜻이다.

레슬링을 시작하던 18회 대회 때 1. 스타디온(단거리 달리기), 2. 원반던지

5종경기 중 멀리뛰기를 준비하는 선수. 손에 할테레스를 들었음. 그리스 도자기 그림. B.C.420~B.C.410. 런던 영국 박물관

올림픽 5종경기 선수. 원반과 창을 들고 할테레스는 옆에 걸어둔 모습이다. B.C.5세기. 루브르 박물관

네로는 어떻게 올림픽에서 우승했을까?

기, 3. 멀리뛰기, 4. 창 던지기 5. 레슬링의 5종경기가 도입됐다. 무대를 이탈리아 수도 로마의 국립 팔라조 마시모 박물관으로 옮겨보자. 그리스·로마 조각 전시실에서 눈에 익은 남성이 반갑게 맞아준다. 디스코볼로스(Diskobolos). 디스코 춤추는 남자? 아니다. 원반(Disk) 던지는 남자다. B.C.708년 올림픽 때 도입된 5종경기의 원반던지기 선수다. 돌이나 청동으로 만든 원반을 있는 힘껏 멀리 던지는 동작의 이 조각은 B.C.5세기에 완성된 고전기 그리스 조각의 전형이다.

할테레스. 5종경기에서 멀리뛰기할 때 사용하던 도구다. 로마 시대. 런던 영국 박물관

권투경기 도자기 그림. B.C.336년.
런던 영국 박물관

멀리뛰기도 흥미롭다. 멀리서부터 달려와 훌쩍 하늘로 솟아오르는 방식이 아니다. 제자리에서 뛰는데, 양손에 할테레스(Halteres)라는 도구를 든다. 아령처럼 생겼다. 돌이나 납으로 만든 이 할테레스를 들고 앞뒤로 흔들다 펄쩍 뛴다. 이때 리듬을 타라고 아울로스 피리 연주를 곁들였다. 할

피를 흘리는 권투선수. 로마 시대 모자이크.
튀니지 바르도 박물관

테레스 평균 무게는 4.5kg 정도였으니 양손에 소고기 7근 반씩을 들고 뛴 셈이다.

4두 전차 경주 도자기 그림. B.C.410~B.C.400.
런던 영국 박물관

전차경주 우승 퍼레이드. 팬들이 우승자의 이름이
적힌 플래카드를 들고 행진을 벌이는 모습. 1세기
로마 시대. 올리브기름 램프. 런던 영국 박물관

　지중해 북아프리카 연안의 아름다운 해안 도시 카르타고. 한니발의 카
르타고는 오늘날 튀니지 수도 튀니스다. 지구촌에서 가장 큰 로마 모자이
크 전문 박물관인 튀니스 바르도 박물관에서 피비린내가 풍긴다. 강타를
얻어맞고 피를 흘리며 쓰러진 선수 표정이 안쓰럽다. B.C.688년 23회 대
회 때 도입된 권투는 얼굴 타격을 유효한 공격으로 봤다. 따라서 얼굴에
심각한 상처를 입었다. 코피 터지고, 볼 터지고, 이빨 부러지고….

　현대 권투 선수들은 섀도복싱, 즉 혼자 경쾌한 스텝을 밟으며 자세를 다

판크라티온 도자기 그림. B.C.367년.
런던 영국 박물관

판크라티온 도자기 그림. B.C.5세기.
아테네 고고학 박물관

네로는 어떻게 올림픽에서 우승했을까?

듣는다. 고대 그리스에서 이 런 연습법을 '스키아마키아 (Skiamakhia)'라고 불렀다. 자 루에 모래나 밀가루를 넣고 펼치는 가격연습은 '코리코 스(Korykos)'. 요즘의 샌드백 연습과 같다. 당시 권투 글 러브는 없었다. 대신, 소가

판크라티온 모자이크. 로마 시대. 튀니지 스팍스 박물관

죽이나 양가죽 끈을 손에 칭칭 감고 경기에 나섰다.

B.C.680년 25회 대회를 개최할 당시 그리스·로마 시대 최대의 스펙터 클한 컨텐츠였던 전차경주의 인기는 하늘을 찔렀다. 자신이 소유한 말

경마 소년 기수 청동 조각. B.C.140년. 아테네 고고학 박물관

호플리토드로미아 선수. B.C.5세기. 루브르 박물관

이 대회에 나가 우승한 것 자체만으로도 대단한 영광으로 여겼다. 알렉산더의 아빠, 필리포스 2세 역시 자신이 소유한 말이 올림픽에서 우승하자 크게 기뻐한 것은 이를 잘 말해준다. 전차경주는 통상 2마리 말이 끄는 비가이(Bigae)와 4마리 말이 끄는 콰드리가이(Quadrigae) 경기로 나뉘었다. 박진감 있는 속도감을 맛보려는 관중들은 콰드리가이 경기에 열중했다. 그리스는 물론 로마 시대에는 올림픽뿐 아니라 평소에도 전차경주를 즐겼다. 전차경주 기수는 당대 최고의 인기스타로 사랑받았다.

튀니지 2대 도시 스팍스. 중세 성벽 안에 마련된 박물관의 로마 모자이크 속 선수들을 보자. 상·하체 공격을 펼치니 레슬링이 아니다. 서서 넘어트리는 것은 물론 자유형 레슬링처럼 상·하체 구분 없이 모든 손기술이 허용된다. 권투처럼 주먹으로 상대를 때리는 것도 가능하다. 입으로 물거나 손가락으로 눈·귀·코·입 같은 약한 부위를 찌르는 것만 제외한 모든 형태의 공격이 가능했던 판크라티온(Pankration) 경기가 B.C.648년 33회 대회 이후 올

2두 전차경주. B.C.420~B.C.400. 런던 영국 박물관

네로는 어떻게 올림픽에서 우승했을까?

림픽 무대를 열광의 도가니로 몰아넣는다. 현대의 종합격투기(MMA)다. 1993년 미국에서 시작된 UFC(1997년 일본서 시작된 프라이드FC 병합) 경기는 고대 올림픽 판크라티온 경기의 후예다.

나팔수. 로마 모자이크. 4세기. 시칠리아 피아자 아르메리나

파리 루브르 박물관의 B.C.6세기 말 적색 인물 기법 도자기 그림을 보자. 투구를 쓰고, 각반을 차고 원형 방패를 든 전형적인 그리스 중무장 보병 호플리테(Hoplite)의 모습이다. 그런데, 중무장 보병이라면 창을 들고 전투 자세를 취해야 하는데 무기를 들지 않았고, 전투하는 자세도 아니다. B.C.648년 33회 대회에 도입된 경마, B.C.632년 37회 대회 소년 체전 실시에 이어 B.C.520년 65회 대회 때 도입된 호플리토드로모스(Hoplitodromos), 일명

아리발로스(오일통)와 스트리질(때밀개). 로마 시대. 불가리아 소피아 고고학 박물관

입으로 상대 선수를 깨무는 반칙. B.C.332년.
런던 영국 박물관

람파데드로미아(Lampadedromia). 횃불 이어
달리기. 올림픽 종목은 아니고 아테네 판아테
나이아 경기에서 펼쳐짐. 루브르 박물관

호플리토드로미아(Hoplitodromia) 경기다. 우리말로 쉽게 바꾸면 중무장 '군
장 달리기'. 투구와 각반, 방패를 더해 약 25kg 무게에 달하는 군사 장비를
갖춰 달리는 경기다.

이후 B.C.408년에는 인기 많던 전차경주에서 말 두 마리가 끄는 2두 전
차경주를 도입하고 대신 경마는 폐지한 뒤, 나팔수 대회와 전령 달리기 대
회를 도입했다. 4두 전차, 2두 전차, 이런 종목을 보면 현대 올림픽에서 자
동차나 오토바이 경주가 포함돼야 하지 않을까? 소크라테스가 사형당한
B.C.399년 3년 뒤 열린 B.C.396년 96회 대회 이후 올림픽 경기종목은 12
개였다.

7. 월계관은 아폴론의 성범죄 산물? 월계관의 유래

제33회 파리 현대 올림픽이 2024년 8월 11일 막을 내렸다. 17일간 지구촌을 뜨겁게 달군 선수들의 최선을 다한 노력에 박수를 보낸다. 우승한 선수들에게 금메달이 수여되지만, 고대 올림픽에서는 머리에 나뭇잎으로 된 관을 씌워줬다. 월계관(Laurel Wreath)일까, 올리브관(Olive Wreath)일까? 그 유래를 찾아 신화여행을 떠난다.

지구의 중심 델포이에 있는 아폴론 신전의 여신관 피티아 제전과 월계관

한국인도 많이 찾는 그리스 중부지방 파르나소스산. 고대 그리스인들은 파르나소스산을 지구의 중심으로 여겼다. 중국인들은 자신을 세상의 중심이라고 해서 중화(中華)라는 용어를 만들어냈다. 동양 문화의 원류가 중국이다 보니 그런 생각을 할 법도 하다. 서양에서 중국 같은 나라는 그리스다. 그리스인들도 자신들이 세상의 중심이라 여겼고, 땅으로 치면 파르나소스산을 지목했다. 현지 지명으로는 델포이다. 델포이에는 지구 중심을 상징하는 신성한 돌 옴팔로스가 있다. 제우스가 비둘기 두 마리를 동서

델포이 극장과 아폴론 신전 터. 극장 아래로 초석과 기둥만 보이는 직사각형 건물터가 아폴론 신전이다.

방향으로 날려 지구를 한 바퀴 돈 뒤 다시 만나는 중심 지점이다.

사람들은 델포이 아폴론 신전이 지구 중심이어서 영험한 기운을 갖는다고 생각했다. 그래서 아폴론 신전을 지키는 여신관 피티아(Pythia)는 특별한 예지력을 갖는다고 봤다. 때만 되면 국가나 개인의 운명을 알기 위해 그리스인들이 델포이 아폴론 신전에서 피티아를 찾은 이유다. 지금 델포이에 가면 반원형 그리스 극장, 스타디움과 함께 아폴론 신전 터가 남았다. B.C.590년(혹은 B.C.582년 설도 있음, 공식 대회가 아닌 제전은 훨씬 이전부터 열림) 피티아가 여기에서 제전을 주재한다. 이를 피티아 제전이라고 한다. B.C.776년에 시작된 올림피아의 올림픽에 이어 그리스인들이 신성시하던 제전이다. 올림픽과 피티아 제전은 모두 4년마다 열리는데 2년 터울을 둬서 2년마다 올림픽과 피티아 제전이 번갈아 가며 열리도록 했다.

올림픽에서 선수가 우승하면 올림피아 제우스 신전 앞 올리브 나무에서

네로는 어떻게 올림픽에서 우승했을까?

델포이 스타디온. 피티아 제전이 펼쳐지던 장소. 월계관을 최초로 수여한 장소

가지를 잘라 관을 만들어 씌워줬다. 올림픽의 상징은 올리브관이다. 물론 이것 외에 야자나무 가지, 니케 여신이 수여하는 승리의 머리띠 등도 우승을 상징하는 대유적 장치다. 델포이 피티아 경기는 달랐다. 우승자에게 월계관을 수여했다. 피티아가 모시는 신은 아폴론이고, 아폴론을 상징하는 성수(聖樹)가 월계수이기 때문이다. 아폴론이 문학과 예술의 수호신이기 때문에 피티아 제전에서는 현악기인 키타라(Kithara, 리라의 개량형) 경연대회, 관악기인 아울로스(Aulos, 이중 피리) 경연대회, 시 낭송 대회, 연극대회, 춤 경연이 열렸다. 물론 달리기나 격투기 종목 등 체육 경기도 펼쳐졌다. 피티아 제전에서는 문학, 예술, 체육 가릴 것 없이 월계관을 우승자에게 수여했다. 그렇다면 학예 수호신 아폴론과 월계관은 무슨 관련이 있길래 피티아 경기에서 월계관을 수여한 것일까?

아폴론과 요정 다프네로 알아보는 월계관 이야기

영화 〈글라디에이터(Gladiator)〉. 2000년 개봉돼 큰 사랑을 받은 이 영화 촬영 장소는 로마의 콜로세움이 아니다. 북아프리카 튀니지의 엘젬 원형경기장이다. 엘젬 원형경기장은 현존하는 검투 경기장으로는 로마의 콜로세움 다음으로 크다. 엘젬 원형경기장 옆에 로마 모자이크 박물관이 탐방객을 맞아준다. 그중 한 작품을 보자.

월계관을 쓴 아폴론이 다프네를 향해 달려가는 모습. 다프네가 급히 도망치다 아버지 강의 신 라돈의 도움을 받아 월계수로 변하는 모습. 로마 시대 모자이크. 튀니지 엘젬 박물관

인물 2명이 등장한다. 왼쪽에 망토 클라미스를 걸치고 활을 손에 든 채 알몸으로 달려가는 남자. 활은 제유적 대유법으로 아폴론을 상징한다. 아폴론의 머리에 월계관이 보인다. 월계관 역시 아폴론을 상징한다. 아폴론 맞은 편에 반라(半裸)의 여인이 공포에 질린 표정으로 내달린다. 아폴론의 사랑을 피해 달아나는 모습이다.

아폴론은 바람둥이다. 요정 다프네를 마음에 두고 그녀를

월계관을 쓴 아폴론이 다프네에게 달려가는 모습. 다프네가 월계수로 변하는 모습. 폼페이 출토. 1세기. 나폴리 이탈리아 갤러리

네로는 어떻게 올림픽에서 우승했을까?

월계관을 쓴 아폴론이 다프네에게 달려가는 모습. 다프네가 월계수로 변하는 모습을 생생하게 그렸다.
카를로 마라타 17세기. 브뤼셀 벨기에 왕립 미술관

취하고자 했다. 하지만, 다프네는 순결을 지키고 싶었다. 아폴론이 욕정
을 주체하지 못하고 다프네를 겁탈하려 하자 다프네는 필사적으로 달아난
다. 힘에 부친 다프네가 아폴론의 억센 손아귀에 잡힐 즈음. 보다 못한 다
프네의 아버지 강의 신 라돈(페이오네스)이 나섰다. 그는 딸의 순결을 지켜주
기 위해 딸을 나무로 바꿔 버렸다. 그 나무가 월계수다. 나폴리 이탈리아
갤러리에 전시 중인 폼페이 출토 프레스코에는 손부터 월계수로 변하는
모습이 잘 담겼다. 브뤼셀 벨기에 왕립 미술관의 카를로 마라타 작 17세기
그림에는 월계수로 변하는 다프네의 모습이 더욱 생생하다.

성범죄 긴급 체포 대상 아폴론은 다프네를 잊지 못하고 월계수를 자신
의 성수(聖樹)로 삼았다. 월계관 전통의 뿌리다. 피티아 경기의 월계관이나

올리브관. 1세기. 폼페이 출토. 나폴리 고고학 박물관

올림픽 경기의 올리브관은 그리스인들의 일상에서도 명예의 상징으로 활용됐다. 특히 상류사회에서 심포지온(symposion)이나 공식 행사 때 머리에 나뭇잎관을 쓰는 게 유행이었다.

종류도 다양해서 올리브관, 월계관, 도금양관, 참나무잎관, 담쟁이잎관, 포도잎관…, 나아가 이들

월계관. B.C.4세기. 테살로니키 고고학 박물관

도금양관. B.C.4세기. 테살로니키 고고학 박물관

담쟁이관. B.C.4세기. 테살로니키 고고학 박물관

참나무관. B.C.4세기. 아테네 베나키 박물관

네로는 어떻게 올림픽에서 우승했을까?

재료를 혼합한 관도 쓰였다. 여성들은 꽃으로 만든 화관을 쓰기도 했다. 살아 있을 때만이 아니다. 죽어 장례를 치른 뒤 무덤에 금으로 된 나뭇잎 관을 만들어 부장품으로 넣어줬다. 서유럽 주요 박물관에는 그리스 무덤에서 출토한 다양한 나뭇잎 무늬 금관들이 출토된다. 생김새를 구분해 보면 올리브관의 잎이 제일 가늘고, 월계관은 넓적한 타원형이다. 도금양관은 동그란 꽃을 함께 매다는 특징을 보인다. 담쟁이나 참나무잎관은 생김이 달라 쉽게 구분할 수 있다.

로마 시대부터 근현대까지 이어진 월계관 전통

로마는 그리스의 나뭇잎관 문화를 그대로 받아들인다. 공화정 체제 로마의 상류층 귀족들이 이를 받아 사용했다. 공화정 시대 로마에서는 장군들의 개선행사 때 머리에 월계관을 씌워주는 전통이 있었다. 공화국 말기 카이사르. 공화정을 말살하고 사실상 왕정으로 전환을 꾀한 카이사르는 아폴론이 놀라 형님이라고 부를 만큼 이름난 바람둥이였다. 그는 저녁이면 살짝 벗겨진 대머리를 월계관으로 가리고 여인들을 만나러 다녔다. 대

월계관을 쓴 카이사르. B.C.1세기 주화. 영국 사이렌세스터 박물관

나뭇잎관을 쓴 로마 시민. 로마 시대 유행한 남자 초상화 밈. 폼페이 출토. 1세기. 나폴리 고고학 박물관

머리를 가리는 용도도 있었지만, 개선행사에만 쓰던 영광의 월계관을 상시 착용함으로써 자신의 특별한 위치, 최고 권력자의 위치를 과시하려는 의도도 있었겠다.

월계관을 쓴 단테. 피렌체 산타 크로체 성당

암살된 카이사르를 이어 사실상 로마 초대 황제가 된 옥타비아누스(Gaius Julius Caesar Octavianus, B.C.63~A.D.14). 로마 원로원은 B.C.27년 사실상의 황제인 그에게 '아우구스투스(Augustus, 존엄한 자)' 칭호

나폴레옹 대관식. 다비드 1806~1807. 루브르 박물관

네로는 어떻게 올림픽에서 우승했을까?

를 바치며 황금으로 된 월계관을 씌
워줬다. 이후 로마 황제들은 월계관
전통을 충실히 이었다. 황제를 묘사
한 주화나 조각에는 어김없이 월계
관을 쓴 황제가 새겨져 있다. 황제
뿐 아니라 상류층 남자들도 요즘 카
톡 프로필 사진처럼 자신을 상징하
는 그림을 그릴 때 반드시 월계관을
쓴 모습으로 나타냈다.

월계관을 쓴 나폴레옹. 다비드 1806~1807. 루
브르 박물관

하지만, 313년 콘스탄티누스 대제가 기독교를 공인한 이후 사정이 달
라진다. 콘스탄티누스 대제도 초기에는 월계관을 쓴 모습의 주화를 만
들었지만, 이후 태양광선의 관으로 대체한다. 이후 황제들은 기존 그리
스·로마 전통(아폴론 신, 이교도 신)의 월계관을 버리고 기독교를 상징하는 관
으로 바꾼다.

기독교 이후 사라졌던 전통은 고대 그리스·로마의 부활을 알린 르네
상스 이후 되살아난다. 문학에서 르네상스의 비조는 단테(Dante Alighieri,

제우스. 담쟁이잎, 참나무잎,
월계수잎을 혼합한 관. 1세
기. 루브르 박물관

로마 2대 황제인 티베리우스
황제. 월계관. 1세기. 비엔나 미
술사 박물관

마르쿠스 아우렐리우스 황제. 2
세기. 월계관. 비엔나 미술사 박
물관

콘스탄티누스 대제와 티케. 월계관. 4세기. 콘스탄티노플 출토. 상트페테르부르크 예르미타시 미술관

1265~1321)다. 단테는 고국 피렌체 시민들에게 자신에게 월계관을 주어야 한다고 요구할 정도였다. 단테나 그의 숭배자이자 르네상스 문학의 또 다른 개척자 페트라르카(Francesco Petrarca, 1304~1374)는 월계관을 쓴 모습으로 묘사된다. 이후 서양 문학사에서 1616년 영국 스튜어트 왕조의 제임스 1세가 시작한 영국 계관시인(Poet Laureate, 桂冠詩人) 전통은 확고하게 자리 잡는다.

문학만이 아니다. 프랑스 대혁명을 뒤엎고 황제가 된 나폴레옹(Napoléon Bonaparte, 1769~1821). 1804년 황제 대관식을 치렀다. 고전주의 대표 화가 다비드가 1806~1807년에 그린 나폴레옹 대관식 그림에는 월계관을 쓴 나폴레옹이 황후 조세핀에게 보석관을 씌워주는 모습이 잘 담겼다. 아폴론의 성범죄가 이리도 오랜 시간을 거치며 인류의 명예를 상징하는 코드로 확산할 줄은 아폴론도, 이를 활용한 델포이 아폴론 신전의 피티아도, 무엇보다 가련한 요정 다프네도 꿈에도 생각하지 못했을 터이다.

네로는 어떻게 올림픽에서 우승했을까?

8. 인생은 짧고 의술은 길다? 서양의학 비조 히포크라테스

2세기 말 권력자 조조(曹操)는 명의 화타(華佗)를 곁에 두고 치료를 맡겼다. 왕조 시대 주치의는 사소한 일로 변고를 겪는다. 화타 역시 조조의 두통을 잘 치료했지만, 조조에게 죽임을 당한다.

명의 화타, 관우의 어깨뼈 수술을 고통 없이 진행?

관포지교(管鮑之交). B.C.7세기 춘추 시대 관중과 포숙아의 깊은 우정을 기리는 말이다. 두 사람을 중용해 제(齊)나라를 강국으로 만든 환공(桓公)의 안색만 보고 병을 진단해 고쳤다는 명의가 있다. 죽은 곽나라 태자 시궐을 살렸다는 전설의 편작(扁鵲)이다.

편작 이후 8백여 년 흘러 한나라 말기 화타에 대해서는 3세기 진수의 『삼국지(三國志)』, 5세기 범엽(范曄, 398~445)의 『후한서(後漢書)』 등에 자세히 소개된다. 마취제를 사용해 외과수술을 진행했다는 것이다. 몽골 대원제국 시절 14세기 나관중의 소설 『삼국지연의(三國志演義)』에도 화타의 활약상이 나온다. 허구의 스토리텔링이 허용되는 소설인 만큼 극적이다. 어깨에 독화살을 맞은 명장 관우가 바둑 명인 마량과 바둑을 두는 사이 화타가 어깨뼈 수술을 진행했다는 것이다. 칼로 신체를 절개하고 봉합하는 화타의 외과수술이 고대에 과연 가능했을까?

고대 그리스·로마 신화에 나타난 의술과 히포크라테스

고대 그리스 신화에서는 가능하다. 이탈리아 나폴리로 가 보자. 베수비오 화산을 배경으로 나폴리만의 그림 같은 산타루치아 항과 476년 서로마 마지막 황제 로물루스 아우구스툴루스가 유폐됐던 달걀 성, 웅장한 플레비스키토 광장과 왕궁, 현존하는 지구촌 최고(最古) 오페라 극장인 산 카를로 극장과 누오보 성을 지나 지하철을 타면 네 정거장 거리에 나폴리 국립 고고학 박물관에 이른다. 폼페이와 에르콜라노에서 발굴한 최고(最高)의 로마 유물이 즐비하다. 2천년 된 선명한 색상의 프레스코는 탐방객의 경탄을 자아낸다. 이 가운데 '켄타우로스 키론과 아킬레스'가 시선을 끈다.

켄타우로스는 상반신은 사람, 하반신은 말로 난폭하기 그지없다. 키론만은 예외다. 현자로 꼽힌다. 트로이 전쟁 영웅 아킬레스

히포크라테스 동상. 서울 대학로 서울대 병원

네로는 어떻게 올림픽에서 우승했을까?

나폴리만의 산타루치아 항과 멀리 베수비오 화산. 오른쪽은 달걀 성. 476년 서로마 제국 멸망 뒤 마지막 서로마 황제 로물루스 아우구스툴루스가 유폐된 장소다.

는 어릴 적 키론에게 배웠다. 에르콜라노에서 출토된 이 프레스코에 리라를 든 아킬레스와 스승 키론이 다정한 모습을 보여준다.

프랑스의 그리스 신화학자 피에르 그리말의 『그리스 로마 신화사전(최애리 역, 열린책들)』을 보면 키론은 죽은 거인 다미소스의 시신에서 뼈를 적출해 중상 입은 아킬레스에게 이식했다. 덕분에 아킬레스는 폭풍처럼 질주할 수 있었다. 키론은 뼈 이식수술을 성공적으로 집도한 인류사 최초의 외과 의사인 셈이다. 동양 명의 화타와 키론의 대결은 용호상박, 장군멍군으로 비겼다고 치자. 그런데, 혹시 외과수술 장면이 담긴 유물은 없을까?

무대를 나폴리에서 고속전철로 1시간 거리 로마로 옮겨보자. 로마 테

키론과 아킬레스. 1세기 로마 프레스코. 에르콜라노 출토. 나폴리 고고학 박물관

르미니 기차역 앞 팔라조 마시모 국립 고고학 박물관에 폼페이에서 발굴한 프레스코 한 점이 탐방객을 맞아준다. 가운데 건장한 남자는 트로이 전쟁 당시 트로이 프리아모스 왕의 사위(**트로이 공주 크레오우사의 남편**) 아이네이

아이네이아스 수술 장면. 1세기 로마 프레스코. 폼페이 출토.
로마 팔라조 마시모 박물관

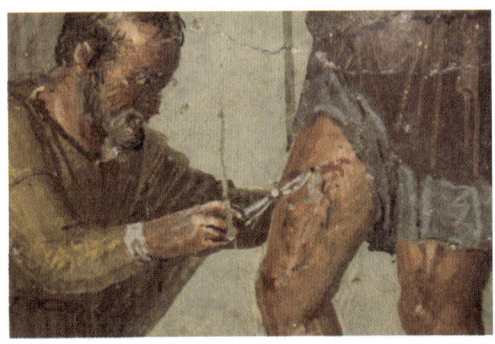

트로이 전쟁 시기 명의 이아픽스가 아이네이아스 허벅지에
꽂힌 화살촉 제거 수술을 펼치고 있다. 1세기 로마 프레스코.
폼페이 출토. 로마 팔라조 마시모 박물관

아스다. 허벅지에 피를 흘리며 서 있고, 오른쪽에 아들 아스카니오스가 아버지의 고통에 눈물짓는다. 왼쪽에 늙수그레한 의사가 집게를 이용해 상처를 치료하는 중이다. 위쪽 반라의 여인은? 미의 여신 아프로디테 즉 비너스다. 아이네이아스의 어머니다. 비너스가 트로이의 미남자 안키세스에게 반해 동거하며 얻은 아들이 아이네이아스다.

로마 제국 초대 황제 옥타비아누스의 명으로 시인 베르길리우스가 11년에 걸쳐 쓴 로마 건국 서사시 『아이네이드(김명복 역, 문학과 의식)』 12장을 펴보자. 12장으로 된 대작의 맨 끝

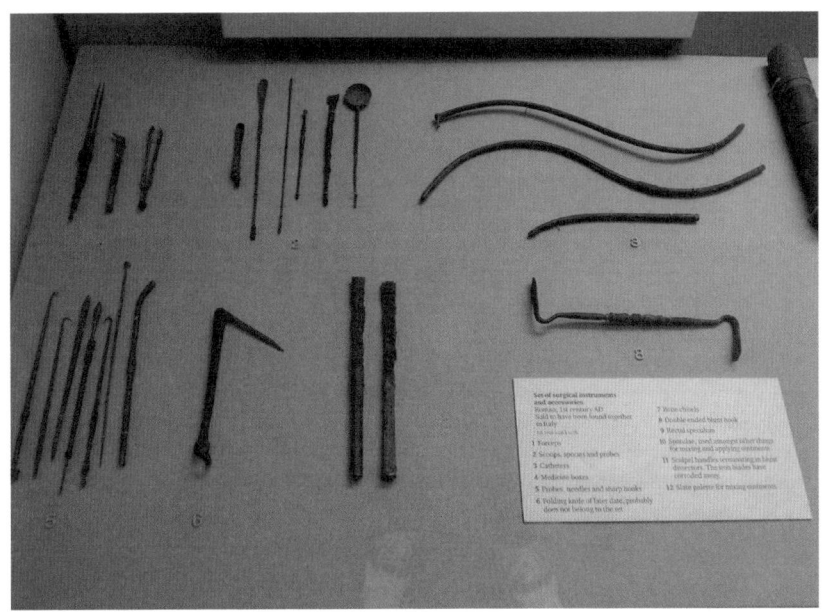

로마 시대 외과 수술용 의료 도구. 런던 영국 박물관

장이다. 아이네이아스가 트로이에서 탈출해 이탈리아반도로 온 뒤, 토착 루툴리 족의 왕 투르누스와 치열한 전투를 벌인다. 전투 과정에 아이네이아스가 화살에 맞는다. 피 흘리며 고통스러워하는 아이네이아스를 명의 이아픽스가 치료하는 장면을 그렸다.

서사시에는 명의 이아픽스의 화살촉 제거 외과수술이 실패한 것으로 묘사된다. 관우의 어깨뼈 독 제거 수술에 성공한 화타에 비하면 실력이 뒤지는 것일까? 아이네이아스는 어머니 비너스가 크레타섬에서 가져온 약초 덕에 회복한다. 이아픽스의 실패에도 불구하고, 로마 시대 외과수술용 도구들은 지금까지 다수 남아 당시 외과수술을 증언한다. 그리스·로마 의술에서 이 사람을 지나칠 수 없다.

키론의 제자 아스클레피오스의 후손 가운데 히포크라테스(Hippocrates,

히포크라테스 플라타너스. 수관 직경이 12m로 유럽에서 가장 넓은 플라타너스다. 히포크라테스가 이곳에서 제자들에게 의술을 지도했다고 알려져 있다. 그리스 코스

속이 텅 빈 히포크라테스 플라타너스. 수령은 500년으로 알려져 있다. 그리스 코스

B.C.460?~B.C.377?)가 있다. 에게해 동남부 코스섬은 아테네에서 비행기로 1시간 10분 걸리지만, 튀르키예의 역사 고도 보드룸에서는 배로 30분 거리다. 배에서 빠져나오면 항구 앞에서 특이한 나무와 마주친다. 히포크라테스 나무(Tree of Hippocrates)다. 수관

네로는 어떻게 올림픽에서 우승했을까?

(樹冠, 나뭇가지까지 넓이) 직경이 12m로 유럽의 플라타너스 가운데 가장 넓다. 속이 텅 비어 껍데기만 남았는데도 잎이 울창해 신비감마저 감돈다. 코스에서 태어난 히포크라테스가 제자들에게 의술을 가르치던 장소다. 전 세계 의과대학에서 이 나무의 가지를 이식해 새끼 나무를 기른다. 이 나무 아래서 히포크라테스가 실제로 강의했을까?

히포크라테스 동상. 오른쪽 어깨를 드러낸 흰색 히마티온을 입은 노년의 히포크라테스 모습. 의술을 상징하는 뱀 지팡이를 오른손에 들었다. 그리스 코스

그렇지는 않다. 지금 플라타너스의 수령은 500살. B.C.460년경 태어나 소크라테스(B.C.470년 경 출생)와 동시대에 살았던 히포크라테스와 연대 차이가 크다. 원래 히포크라테스 시대에 있던 나무는 죽고, 그 자리에 씨나 가지가 다시 자랐을 것이다. 새끼 나무라고 할까? 아니면 같은 장소에 후대 심은 나무로 추정된다. 히포크라테스 나무 옆에는 히포크라테스 동상이 탐방객을 맞아준다. 오른쪽 어깨가 드러나는 히마티온을 입었다. 서울대학교의 히포크라테스 동상은 로마식으로 상반신을 다 가린 토가를 입은 모습이다. 이 동상을 코스섬 조각처럼 바꾸는 게 맞다. 고대 그리스인들의 겉옷 히마티온은 오른쪽 어깨를 드러내는 방식이다. 그런데 여기서 궁금증이 생긴다. 히포크라

테스는 오른손에 뱀을 조각한 지팡이를 들고 서 있다. 왜 그럴까?

히포크라테스 나무와 동상에서 도보로 5분여 거리에 코스 고고학 박물관이 자리한다. 여기에 진귀한 로마 모자이크 한 점이 히포크라테스의 전

「아스클레피오스를 맞이하는 히포크라테스」모자이크. 2~3세기 로마 시대. 코스 고고학 박물관

아스클레피오스 모자이크. 2~3세기 로마 시대. 코스 고고학 박물관

히포크라테스 모자이크. 2~3세기 로마 시대. 코스 고고학 박물관

네로는 어떻게 올림픽에서 우승했을까?

코스섬 아스클레피오스 성역소. 바다 건너는 튀르키예 보드룸

설을 되살려준다. 「아스클레피오스를 맞이하는 히포크라테스」, 2~3세기 로마 모자이크다. 로마 시대 저택 바닥 모자이크를 발굴해 옮겨 놓았다. 화면의 오른쪽이 히포크라테스다. 그리스인 특유의 오른쪽 어깨를 드러낸 흰색 히마티온을 입고 바위에 걸터앉았다. 오른손을 들어 환영의 제스처를 취한다. 누구를 환영하는 걸까?

가운데 자주색 히마티온을 입은 인물이 배에서 내린다. 자주색은 고대 지중해 연안에서 가장 고결한 색으로 여겼다. 신적인 존재임을 암시한다. 왼손에 든 지팡이가 그의 신분을 상징하는 대유법이다. 뱀이 휘감긴 지팡이. 의술의 신 아스클레피오스다. 코스섬은 아스클레피오스 숭배 중심지이고, 히포크라테스는 아스클레피오스의 후손으로 인식됐다. 오른쪽 투니카를 입은 사람은 코스섬의 주민으로 역시 신의 도착을 환영하는 모습이다. 아스클레피오스의 뱀지팡이는 이후 의술의 상징, 대유법으로 활용된다. 히포크라테스 모자이크나 히포크라테스 플라타너스는 경외심이 드는 분위기를 자아낸다. 히포크라테스가 서양 세계 의학사에 남긴 거대한 업적을 생각하면 더욱 그렇다.

히포크라테스 사후 그의 저술(일부 제자 저술)들을 모은 저작물이 나와 로마 시대는 물론 중세와 현세까지 큰 영향을 미쳤다. 16세기 금속 인쇄술 발달에 힘입어 『히포크라테스 총서(Hippocratic Corpus)』가 그리스어, 프랑스어, 독어, 영어판으로 간행됐고, 19세기 프랑스의 리트레(Paul-Émile Littré, 1801~1881)가 재출간해 지금까지 널리 인용된다. 이 저작물에 '히포크라테스의 선서'가 나온다.

"나는 비록 위협을 당할지라도 나의 지식을 인도에 어긋나게 쓰지 않겠노라." 1948년 세계의사협회가 제네바 선언으로 재정리한 히포크라테스 선서의 일부다. 『히포크라테스 총서』에 나오는 유명한 그리스어 아포리즘의 울림이 크다. "Bíos brakhús, tékhnē makré(라틴어 Vīta brevis, ars longa)" 흔히 '인생은 짧고 예술은 길다.'라고 번역되지만, '예술'보다 '기술' 아니 '의술'이 적확하다.

9. 중세 흑사병의 진원지는 몽골? 우크라이나

우크라이나 전쟁. 2022년 2월 24일 러시아의 전면 침공으로 시작된 전쟁이 3년을 눈앞에 뒀다. 막대한 인명 피해 앞에 인적자원이 고갈된 탓일까? 러시아가 북한군을 끌어들였다. 머나먼 동유럽으로 간 북한군. 흑해 연안으로 동양인이 전쟁을 치르러 간 것은 북한이 처음이 아니다. 800여 년 전 13세기 몽골이다. 징기스칸의 손자 바투가 우크라이나를 비롯해 동유럽에 세운 킵차크 칸국은 중세의 대재앙 흑사병의 진원지다.

해양 교역 대국 제노바

먼저 이탈리아 북부 해양도시 제노바로 가 보자. 제노바 기차역에 내려 밖으로 나오면 낯익은 인물의 동상에 적잖이 놀란다. 크리스토퍼 콜럼버스. 스페인 이사벨라 여왕의 후원을 받아 1492년 인도로 가려다 아메리카에 도착한 현대 서양사 개막의 주역. 그는 스페인 출신이 아니다. 제노바 출신이다. 제노바에는 콜럼버스 생가도 오롯하다. 제노바는 중세 해상 교역으로 번영을 누린 공화국이었다. 1797년 나폴레옹의 침략으로 붕괴할

이탈리아 제노바역 앞 콜럼버스 동상. 제노바는 콜럼버스의 고향이다.

때까지 무려 800년 가까이 지중해와 흑해 연안에 무역거점을 마련하고 해
양 무역 공화국으로 위세를 떨쳤다.

　해상 강국 제노바의 위상을 엿볼 수 있는 건물을 찾아 튀르키에 이스탄
불로 가 보자. 보스포
러스 해협이 내려다
보이는 금각만(金角灣,
Golden Horn) 북쪽 언덕
에 우뚝 솟은 갈라타
타워. 탐방 명소 갈라
타 타워는 제노바 공화
국이 1348년 지은 무
역거점이다. 높이 67m

제노바 콜럼버스 생가

　　　　　　　　　　　　　네로는 어떻게 올림픽에서 우승했을까?

이스탄불 골든 혼 북단에 자리한 갈라타 타워. 1348년 제노바가 건립했다.

갈라타 타워. 높이 67m로 당시 콘스탄티노플에서 가장 높은 건물이었다.

로 동로마 제국 수도 콘스탄티노플에서 가장 높았다. 제노바는 경쟁 해양 무역 공화국 베네치아와 치열하게 다퉜다. 그 상징적인 사건이 동로마 제국의 멸망과 재건이다. 1204년 베네치아가 주도한 4차 십자군은 성지 예루살렘으로 가지 않고, 같은 기독교 국가인 동로마 제국 수도 콘스탄티노플로 쳐들어갔다. 동로마 제국을 무너트리고, 콘스탄티노플을 수도로 라틴제국을 세웠다.

제노바 상인들은 망명 동로마 정부를 도와 1261년 라틴제국을 무너트리고 동로마 제국을 부활시켰다. 콘스탄티노플에서 우위를 점한 제노바 상인들이 1348년 세력 과시용으로 만든 무역거점이 갈라타 타워다. 제노바의 무역 활동은 콘스탄티노플을 넘어 흑해 북단 크림반도로 간다.

우크라이나와 러시아에 나라를 세운 징기스칸 가문의 역사

크림반도는 우크라이나 남쪽에 붙은 영토다. 2014년 러시아가 점령하

몽골초원 카라코룸. 징기스칸이 세운 몽골 제국의 수도

네로는 어떻게 올림픽에서 우승했을까?

면서 지금은 우크라이나에서 분리돼 러시아가 지배한다. 크림반도 남쪽 흑해 연안 휴양도시 얄타는 1945년 2월 한국 독립을 재확인한 얄타회담 장소다. 크림반도로 몽골인이 처음 침공해 온 것은 1222년이다. 징기스칸이 아들들을 데리고 감행한 1차 서방 원정 (1219~1225) 시기다. 몽골 제국 최고 장

징기스칸 초상화. 몽골 카라코룸 박물관

수로 평가받는 수부타이가 본진에서 갈라져 아르메니아, 조지아를 거쳐 크림반도까지 유린한 뒤, 몽골 제국의 수도 카라코룸(1220년 징기스칸이 건립)으로 귀환해 유럽 사회에 대해 알렸다.

징기스칸은 첫째 부인 보르테가 낳은 4명의 자식에게 제국을 나눠 통치하도록 한다. 큰아들 주치에게 준 영토는 수부타이가 유린했던 몽골 초원 서부, 즉 오늘날 카자흐스탄에서 카스피해를 거쳐 흑해의 우크라이나 지역까지다. 그런데 주치가 이 지역에 대한 확고한 통치권을 확보하기도 전 그만 아버지보다 6개월 앞서 1227년에 죽는다. 통치권은 주치의 둘째 아들 바투에게 넘어갔다.

바투는 1235년 몽골 제국 2대 대칸 오고타이(징기스칸의 셋째 아들)의 명을 받고 2차 서방 원정을 감행한다. 바투는 명장 수부타이와 함께 1237년 우크라이나 지역의 통치권을 확고히 한다. 이어 1241년 폴란드 남부를 침공해 격파한 뒤, 헝가리에 진출해 1242년 1월 부다페스트를 함락시켰다. 부다페스트는 다뉴브강을 경계로 강의 서쪽은 로마 시대부터 발전한 부다, 동쪽은 페스트다. 1242년 1월 얼어붙은 다뉴브강은 몽골의 대살육에 피로 물들었다. 하지만 2대 대칸 오고타이가 갑자기 죽으면서 몽골의 서방 원

부다페스트와 다뉴브강. 강 서쪽은 부다, 강 동쪽은 페스트다. 1242년 1월 몽골군 침략에 피로 물들었다.

정 말발굽은 이탈리아 침공을 앞두고 멈춰 섰다.

바투는 이때 오늘날 러시아의 아스트라한 주 볼가 강변에 수도 사라이를 건설하고 킵차크 칸국을 세웠다. 서쪽으로 헝가리부터 몰도바, 우크라이나, 모스크바를 포함한 러시아, 동쪽으로 카자흐스탄까지가 영토다. 1246년 몽골 제국의 수도 카라코룸에서 치러진 몽골 3대 대칸 구육(징기스칸의 손자, 오고타이의 아들) 즉위식에 모스크바 거점의 블라드미르 대공국 야로슬라브 2세가 축하 사절로 참석한 것은 당시 몽골 제국의 위상을 잘 말해 준다.

제노바와 킵차크 칸국의 갈등과 흑사병 전파 과정

이 무렵 제노바는 이탈리아반도 내 피사 공화국과 치열한 경쟁을 펼쳤

네로는 어떻게 올림픽에서 우승했을까?

피사 사탑과 두오모(성당). 제노바와 경쟁하다 패한 뒤, 피렌체에 병합된 비운의 해상 교역국

다. 지중해 코르시카 섬과 흑해 상권을 놓고 두 해상공화국은 1283-84년 대혈전을 벌였다. 이때 피사는 시민군 1만 4천 명 가운데 절반이 숨지는 참사로 몰락의 길을 걸었다. 끝내 1406년 피렌체 공화국에 병합되고 말았다. 아르노강을 통해 피사를 거쳐 바다로 나간 내륙 국가 피렌체는 이후 강대국으로 부상한다. 피사를 물리친 제노바는 흑해로 무역의 손길을 뻗쳤다.

흑해 크림반도는 1240년대 이후 몽골 제국 킵차크 칸국의 영향에 들었다. 고대 그리스인들이 진출했던 교역의 중심지다. 흑해와 아조프해를 연결하는 중심 도시 케르치에 가 보니 지금도 그리스 신전 유적이 탐방객을 맞아준다. 케르치에서 서쪽으로 100㎞ 지점의 흑해 연안에 오늘날 페오도

크림반도 케르치 해협의 중심도시 케르치

시아(Feodosia)라는 도시가 자리한다. 그리스인들이 바다의 신 포세이돈의
이름을 따서 포세도니아(Posedonia)로 명명한 도시다. 제노바는 킵차크 칸
국에 조공을 바치는 조건으로 1266년 포세도니아를 차지한 뒤, 이름을 카
파(Caffa)로 바꾸고 무역거점으로 발전시켰다. 비단, 향신료에다 특히 노예
무역으로 돈을 벌었다.

　1340년대 킵차크 칸국과 제노바 사이에 갈등이 생기고, 1345년 킵차크
칸국 자니벡 칸(Джанибек, ?~1357)이 카파를 공격했다. 강력한 저항에 고전
하던 자니벡 칸은 기상천외한 작전을 폈다. 생물학전. 1346년 전염병 사
망자를 투석기에 넣어 카파성 안으로 날려 보냈다. 이탈리아의 가브리엘
레 데 무씨가 1348년 기록한 라틴어 문서『1348년에 발생한 병 또는 대사

망의 역사』에 흑사병 전개 과정이 소상히 나온다. 몽골이 던진 시신에 전염된 카파의 제노바 상인은 흑해 남부 트라브존, 지중해의 시칠리아 메시나로 이동했고, 가는 곳마다 잇따라 환자가 발생했다. 이어 1347~1348년에는 전 유럽이 초토화됐다. 대재앙 흑사병이다.

자니벡 칸은 징기스칸의 7대손이다. 유라시아 대륙을 장악한 몽골 제국의 서쪽 끝 킵차크 칸국에서 자니벡 칸이 재임하던 시기(1342~1357), 제국 동쪽 끝의 속국 고려의 왕은 공민왕(1351~1374)이다. 고려 공민왕도 징기스칸의 7대손이다. 항렬이 같다. 징기스칸의 큰아들 주치가 자니벡 칸의 6대조 할아버지다. 징기스칸의 넷째 아들 툴루이가 공민왕의 6대조 할아버지다. 툴루이의 아들로 중국을 정복하고 원나라를 세운 쿠빌라이의 딸은

그리스 신전. 크림반도 케르치

징기스칸의 장남 주치 무덤 모형. 카자흐스탄 서부에 실존하는 주치의 무덤을 모형으로 만들어 전시. 이완(입구 파사드)과 돔의 이슬람 양식이 잘 반영된 구조. 울란바토르 국립박물관

고려 충렬왕과 결혼했다. 그 아들 충선왕의 증손자가 공민왕이다. 쿠빌라이는 충선왕의 외할아버지이자 공민왕의 5대조 할아버지다. 길게 본다면 북한도 고려의 후예다. 우크라이나 전쟁 북한군 참전을 둘러싼 역사의 아이러니다. 조속한 종전과 평화를 기원해 본다.

쿠빌라이 초상화. 징기스칸의 손자이자 공민왕의 5대조 할아버지. 몽골 카라코룸 박물관

네로는 어떻게 올림픽에서 우승했을까?

2장

예술 종교

1. 인류의 시각예술은 언제 어디서 시작됐을까? 5만 년 전 인도네시아

울주 암각화가 유네스코 세계 문화유산으로 등재됐다. 선사 시대 시각예술은 바위 표면을 날카로운 도구로 새긴 암각화(巖刻花)와 바위 위에 물감으로 그린 암채화(暗彩畵)로 나뉜다. 현생 인류인 호모 사피엔스는 언제 처음 암각화나 암채화 같은 시각예술을 시작했을까?

유네스코 세계 문화유산인 울주 대곡리 암각화, 유라시아 암각화와 비교 및 분석

울산 KTX 역에서 동쪽 15㎞ 지점 대곡리로 가 보자. 차로 20여 분 거리다. 주차장에 내려 호젓한 대나무 숲길을 산책하듯 걷다 보면 태화강 지류 대곡천이 앞을 가로막는다. 강 건너 절벽은 넓적한 거북(龜, 구) 쟁반(盤, 반) 바위(臺, 대)처럼 생겼다고 해서 반구대(盤龜臺)라고 불린다. 이 반구대 절벽에 그림이 새겨져 있다. 이번에 유네스코 세계문화유산으로 지정된 대곡리 반구대 암각화다. 가로 10m, 세로 4m에 다양한 그림이 새겨져 있지만, 육안으로 식별할 수 없다. 하류 사연리에 댐이 생겨 계곡이 물로 가득 차

울주 대곡리 암각화 전경. 현장에서는 암각화를 감상하기 어렵다.

는 바람에 건너갈 수 없기 때문이다.

대곡리 암각화를 제대로 음미하려면 국립중앙박물관이나 국립경주박
물관으로 가서 복제품을 봐야 한다. 1984년 191점의 그림이 새겨져 있다

대곡리 암각화 복제품. 국립중앙박물관

대곡리 암각화 사냥. 복제품. 국립경주박물관

는 첫 보고서에 이어 2000년 296점, 2018년 353점의 그림(동물 202점, 도구 21점, 인물 16점, 형체 불명 114점)이 새겨진 것으로 밝혀졌다. 대곡리 암각화의 특징은 해상 동물과 어로 활동이 묘사된 점이다. 고래는 무려 57점이나 된다. 배를 타고 어로에 나선 선사 시대 생존 투쟁의 현장도 생생하게 그려졌다.

중국 북경에서 내몽골 자치구 적봉(赤峰)까지 요즘은 고속철도가 뚫려 2시간 30분이면 간다. 거란의 본거지였던 적봉 박물관에는 내몽골 초원 지대 암각화를 실물이나 사진으로 전시한다. 몽골 울란바토르 국립박물관으로 가도 광활한 몽골초원 각지의 암각화 관련 자료를 보여준다. 카자흐스탄 탐갈리 지역에서 선사 시대부터 불교 암각화까지, 키르키스스탄 촐폰아타에서는 선사 시대부터 최근까지 암각화를 볼 수 있었다. 러시아 상트페테르부르크 에르미타시 미술관의 오네가(러시아 최북서쪽) 암각화 사냥 장면은 몽골초원, 대곡리 암각화의 그것과 유사하다.

필자가 한반도부터 유럽 맨 서북쪽 스칸디나비아반도까지 유라시아 각지 고위도 지방의 선사 그림을 탐방해 보고 2가지 특이점을 정리할 수 있었다. 첫째, 직접 연대측정이 어려운 암각화라는 점, 둘째 울주 대곡리 암각화는 타 지역과 달리 해상 동물, 어로 활동을 담았다는 점이다.

이러한 선사 시대 시각 예술품의 연대를 측정하는 방법은 다음과 같다. 1. 방사성탄소(C-14) 연대측정법. 이는 그림에 남은 유기물질 속 탄소의 연대를 측정하는 방법이다. 안료(물감)를 사용하지 않는 암각화는 이 방법을 쓸 수 없다. 2. 우라늄-토륨(U-Th) 연대측정법(일반 시료 채취). 암채화 위아래 석회층 시료 연대를 측정해 정확도가 높다. 3. 우라늄-토륨(U-Th) 연대측정법(레이저 시료 채취). 시료 오염 정도가 낮아 더욱 정밀한 연대 측정이 가능하다. 간접 조사로는 4. 라만 분광분석(Raman spectroscopy, 레이저를 쏴 분자 진동,

네로는 어떻게 올림픽에서 우승했을까?

내몽골 초원 암각화. 중국 적봉 박물관　　몽골초원 암각화. 몽골 울란바토르 국립박물관

키르키스스탄 촐폰아타 암각화　　우즈베키스탄 암각화. 타슈켄트 국립박물관

카자흐스탄 탐갈리. 불교 시대 암각화　　러시아 최북서쪽 오네가 지방 사냥 암각화. 상트 페테르부르크 예르미타시 미술관

회전 상태를 보는 비파괴 분석), 주로 퇴적층 연대 측정에 쓰는 광선 루미네선스 (Opp. TL, OSL 등) 방법이 있다.

　유라시아 고위도 지방의 경우 대부분 암각화여서 근처 토양 퇴적층 시료 측정이나 발굴 유물 등을 근거로 한 고고학적 맥락의 연대 측정 방법을 쓴다. 이와 달리 적도를 중심으로 저위도 지방에서 주로 발견되는 암채화는 연대 측정이 수월하다.

유라시아 대륙 암각화

적도 아래 호주 대륙의 울루루(Uluru)로 가 보자. 높이 약 348m, 둘레 약 9.4㎞인, 단 1개 돌덩이로 이루어진 산이다. 특이한 외형 덕에 관광객이 연중 몰려든다. 2월 말에 찾았는데 한낮 기온이 40도에 육박했다. 여기에 암채화가 다수 존재한다. 하지만, 안료가 탄소 계열(동물성이나 숯) 유기물이 아니라 산화철 같은 무기물 계열 광물이어서 탄소가 없어 방사성탄소(C-14) 연대측정법을 쓸 수 없다. 석회 성분도 없어 우라늄-토륨(U-Th) 기법도 어렵다.

호주 울루루

네로는 어떻게 올림픽에서 우승했을까?

방사성탄소(C-14) 측정
을 통해 호주에서 가장
오래된 것으로 밝혀진
암채화는 울루루에서 적
도 쪽으로 더 가까운 호
주 북부 나왈라 가바른
멍(Nawarla Gabarnmung)
암채화(2006년 발견)로 2만
8천여 년 전이다. 아쉽게

호주 울루루 암채화

도 필자는 이곳을 아직 탐방하지는 못했다.

　이번에는 가장 오래된 불교 석탑인 산치 대탑이 있는 인도 중부 보팔시 빔베트카(Bhimbetka)로 가 보자. 약 8㎞에 이르는 방대한 암벽지대에 750

인도 빔베트카 야외 암채화 지대

인도 빔베트카 암채화. 반수반인의 테리안트로프가 등장한
다. 허구의 세계를 묘사한 선사시대 암채화로 주목받는다.

군데의 바위 은신처가 있
고 여기에 수많은 암채화
가 남아 있다. 카자흐스탄
탐갈리가 가장 방대한 암
각화 지대라면 빔베트카는
가장 방대한 야외 암채화
지대다. 이곳 암채화는 산
화철 무기물 계열이다. 비
파괴 라만 분광분석의 간
접 방법을 적용한 결과 최
고 4만 년 전 그림이라는 연구 결과가 나오기는 했다. 하지만, 간접 조사여
서 아쉬움이 남는다. 스페인 알타미라 동굴 암채화의 경우 2012년 이후 그
림 위 석회층에 대한 우라늄-토륨(U-Th) 기법이 적용되면서 일부 도형의 경
우 3만 5천 년 전 것으로 밝혀졌다.

　가장 화려하고 가장 섬세한 암채화는 1940년 발굴된 프랑스 라스코 동

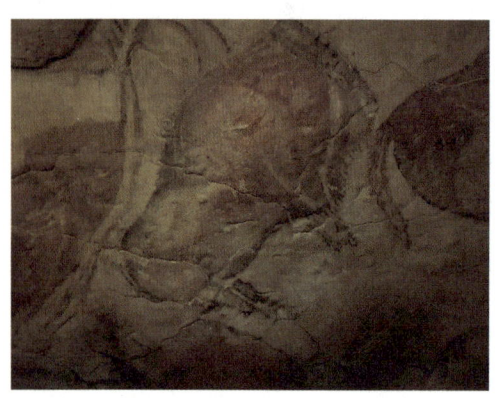

스페인 알타미라 동굴 벽화. 마드리드 고고학 박물관 내 알타
미라 복제관

굴이다. 하지만, 안료가 망
간산염(검정), 적철석(붉은
색), 황토(갈색) 등의 무기물
계열이어서 동굴 바닥 퇴
적층 연구를 통해 제작 연
대(1만 9천~1만 2천 년 전)를 특
정할 뿐이다, 1994년 발굴
된 프랑스 쇼베 동굴은 재
료로 숯도 사용돼 직접 조

네로는 어떻게 올림픽에서 우승했을까?

라스코 암채화. 프랑스 라스코4 전시관

쇼베 동굴 암채화. 3만 6천년 전으로 공식 인정됨. 보르도 아키텐 박물관 사진

쇼베 동굴 암채화. 그레이트 패널. 다양한 동물들이 묘사돼 있다. 쇼베 복제동굴

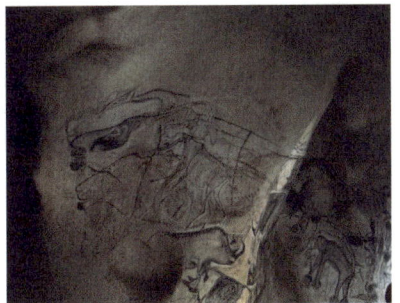

쇼베 동굴 암채화. 사자 패널. 오른쪽 아래 반인 반수 형태의 테리안트로프 인간이 보인다. 쇼베 복제동굴

사인 수십 건의 방사성탄소(C-14) 측정이 이뤄졌다. 이를 통해 지구상 가장 오래된 최고 3만 6천년 전 선사 시대 암채화로 널리 인정받았다. 현재 오리지널 동굴은 학술연구용으로만 개방하고, 근처에 똑같은 형태로 복제동굴을 만들어 일반에 공개한다. 직접 탐방해 보니 규모와 섬세한 묘사에서 구석기 시대 최고의 동굴벽화로 손색없다.

인도네시아 술라웨시 선사 시각예술 보고

이제 인류 시각예술의 시작점을 찾아 인도네시아로 가 보자. 호주 북부

인도네시아 술라웨시 마로스-팡케프 지역 레앙 고고학 공원의 석회암 지대

술라웨시 마로스-팡케프 지역 불루시퐁4 동굴

네로는 어떻게 올림픽에서 우승했을까?

와 인접한 술라웨시 섬으로, 적도 바로 아래 남쪽이다. 2025년 6월에 찾은 술라웨시. 연중 23~31도라는 가이드의 설명에 사냥의 구석기나 농사 문명 초기의 신석기 시대 사람 살기에 적합한 여건이었음이 절로 느껴졌다. 술라웨시 남부 마로스-팡케

술라웨시 마로스-팡케프 지역 불루시퐁4 동굴 암채화. 4만 8천 년 전

프(Maros-Pangkep) 지역은 특유의 석회암 카르스트(Karst) 지형 덕에 경관이 뛰어난 석회암 동굴들로 구성돼 있다. 이 동굴들에서 21세기 들어 경이로운 고고학적 발견이 이어진다. 지구에서 가장 오래된 시각 예술품이다.

2019년 12월 11일 학술지 네이처(Nature) 576권(Volume)은 호주 그리피스(Griffith) 대학과 인도네시아 공동 연구팀의 놀라운 연구 성과를 실었다. 마로스-팡케프 지역 불루시퐁(Bulu Sipong)4 동굴의 사냥 그림이 석회질 시료 우라늄-토륨(U-Th) 분석 결과 4만 3천900년 전 것으로 지구상에서 가장 오래됐다는 것이다. 필자는 인도네시아 문화재 당국의 허가를 얻어 안전 장비에 임시 사다리를 받치고 3층 높이 절벽 석회 동굴 안으로 들어가 직접 암채화를 봤다. 그림

반인반수의 인간과 사냥감. 불루시퐁4 동굴 암채화. 4만 8천 년 전

술라웨시 마로스-팡케프 지역 가람푸앙 동굴 암채화

짐승 그림. 가람푸앙 동굴 암채화. 5만 1천200년 전

속 인간은 반인반수 형태 (Therianthrope)로, 당시 인류가 허구의 세계를 표현할 수 있는 서사(Narrative) 구사 능력이 있었음을 확인할 수 있었다. 이 그림은 2024년 7월 3일 네이처 발표를 통해 레이저 우라늄-토륨(U-Th) 분석 결과 4만 8천여 년 전으로 밝혀졌다.

불루시퐁4 동굴에서 차로 20분 거리의 가람푸앙 (Garampuang, Karampuang) 동굴로 가 보자. 2025년 6월 한국인으로는 처음이라는 설명과 함께 인도네시아 문화재 당국의 허가를 얻어 밧줄을 타고 절벽을 기어올라 만나 본 동굴 속 짐승 그림은 더욱 놀랍다. 호주 그리피스 대학 연구팀은 이 그림이 우라늄 토륨(U-Th) 분석(레이저 시료 채취) 결과 인류 역사상 가장 오래된 5만 1천200년 전 그려졌다고 2024년 7월 3일 네이처 온라인판에 발표했다. 비록 소박하지만, 현생 인류 선사 예술의 남상(濫觴)은 인도네시아 술라웨시섬 마로스-팡케프 지역이다.

2. 로마 시대 '누드 예수 그리스도'가 가능했을까? 예수 누드 모자이크

크리스마스가 다가오면 기독교 신자가 아니어도 누구나 경건해진다. 기독교 문화는 엄숙하다. 예수 그리스도의 이미지도 근엄하다. 피 흘리는 십자가는 더욱더 극적이다. 엄숙주의를 벗어난 알몸 예수 그리스도를 표현할 수 있을까? 누드 예수 그리스도의 이미지를 찾아 역사 여행을 떠나 본다.

런던과 라벤나의 누드 예수 그리스도

역사 여행자는 런던에서 미소를 머금는다. 런던의 영국 박물관이나 명화들이 즐비한 내셔널 갤러리가 무료다. 파리 루브르나 오르세 미술관처럼 비싼 입장료를 내며 오랜 시간 줄 서 기다리는 불편도 없다. 런던 트래펄가 광장에 있는 넬슨 동상으로 가 보자. 트래펄가는 지브롤터 해협의 스페인 쪽 대서양 연안이다. 1805년 10월 넬슨 제독이 이끄는 영국 함대가 프랑스-스페인 연합함대를 물리치며 나폴레옹의 영국 침략 의지를 꺾은 장소다. 넬슨 동상에서 너른 광장을 가로지르면 네오 클래식 양식의 장엄

예수 그리스도 장례. 미켈란젤로 1500~1501
년. 런던 내셔널 갤러리

최후의 심판. 미켈란젤로 1541년. 바티칸 시스
티나 예배당. 바티칸 정원 전시 사진

예수 그리스도 세례. 상아 조각. 500년경 제작.
런던 영국 박물관

한 내셔널 갤러리가 맞아준다.

9번 전시실로 발길을 옮긴다. 미술사의 한 획을 그은 르네상스의 주역 레오나르도 다빈치와 미켈란젤로 작품들이 기다린다. 미켈란젤로의 1500~1501년 작 「예수 그리스도 장례」가 눈에 들어온다. 처형된 예수 그리스도를 십자가에서 내려 매장하는 순간을 담았다. 왼쪽에 막달라 마리아가 앉았고, 오른쪽에 성모 마리아가 서 있다. 칠이 덜 된 미완성 작품이다. 시선을 확 끄는 대목은 예수 그리스도의 하체다. 가운데 살짝 가려진 남성 상징의 일부가 보인다. 중세 예수 그리스도의 남성 노출은 상상할 수

아리우스파 세례당. 이탈리아 라벤나

없다. 피렌체 메디치 가문의 도서
관에서 그리스·로마 문명을 공부
하며 르네상스를 꽃피운 25살 청
년 미켈란젤로의 발칙하면서도 위
대한 작품 철학이 빚은 결과다. 신
을 나체로 표현할 수 있어야 한다
는 신념.

　이탈리아 로마의 바티칸으로 가
서 그런 추론에 힘을 실어보자. 가
톨릭의 구심점인 교황청 시스티나
예배당은 미켈란젤로가 그린 2점

아리우스파 세례당 내부 천장 모자이크

의 대작으로 이름 높다. 1512년 완성한 천장화「천지창조」와 1541년 완성한 벽화「최후의 심판」이다.「천지창조」는 가로 41.2m, 세로 13.2m의 대작이다. 여기 등장하는 야훼 하느님은 옷을 입었다. 여기까지는 중세의 모습이다.

「천지창조」아래 설교단 쪽 벽면의「최후의 심판」으로 시선을 돌린다. 1534년 피렌체와 결별하고 로마로 온 미켈란젤로에게 교황 클레멘스 7세와 이듬해 1535년 새 교황 바오로 3세가 벽화를 그려달라고 요청한다. 미켈란젤로는 환갑, 60살의 고령에 혼자 작업에 들어가 6년 후인 1541년 마무리 짓는다. 세로 13.7m, 가로 12.2m의「최후의 심판」이다. 천국에 오르거나 지옥에 떨어지는 사람들이 크게 회전하는 형태의 구도다. 391명의 군상은 포즈도 제각각이다. 장엄하고 역동적인 구도는 르네상스에서 바로크 양식의 개막을 알린다. 예수 그리스도와 성모 마리아를 포함한 모든 인물은 100% 누드다. 현재 그림은 알몸이 아닌데, 이게 무슨 말인가?

원작은 다르다. 미켈란젤로는 예수와 마리아도 나체로 그렸다. 궁금하다. 미켈란젤로는 예수 그리스도의 상징을 어떻게 묘사했을까… 성모 마

예수 그리스도 세례 모자이크. 493년. 이탈리아 라벤나 아리우스파 세례당

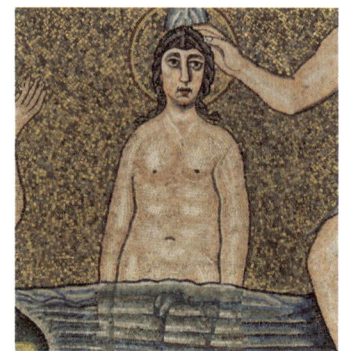

예수 그리스도 누드. 493년. 이탈리아 라벤나 아리우스파 세례당

네로는 어떻게 올림픽에서 우승했을까?

리아도 나체지만, 팔과 다리로 상·하체 상징을 가리는 포즈여서 그곳을 볼 수는 없다.

「최후의 심판」은 1564년 미켈란젤로가 89살로 죽은 이듬해 새 운명을 맞는다. 미켈란젤로가 죽기 1년 전 1563년 종료된 트리엔트 공의회는 나체 표현 같은 종교적으로 부도덕하게 비칠 수 있는 작품에 비판을 가했다. 미켈란젤로의 작품도 예외는 아니었지만, 미켈란젤로 생전에 손을 대지 못했다. 미켈란젤로가 죽자 1565년 교황 비오(Pius) 4세의 명령이 떨어졌다. 개작은 미켈란젤로의 제자 다니엘레 다 볼테라가 맡았다. 1497년 누드 디오니소스(피렌체 바르젤로 미술관 소장)를 조각하고, 1504년 피렌체 공화국 청사에 다비드 누드(피렌체 아카데미아 갤러리 소장)를 세운 미켈란젤로가 지하에서 어떻게 생각할까?

미켈란젤로가 고대 그리스·로마의 누드 예술을 계승했다면, 313년 기독교 공인 이후 제작된 로마 시대 예수 그리스도 누드 작품을 찾아 런던 영국 박물관으로 다시 가 보자. 500년경 제작된 「예수 그리스도 세례」 상아 조각이 예수 그리스도 이미지의 새로운 면모를 선보인다. 로마식 토가를 입은 세례 요한이 오른손을 예수의 머리에 대고 세례 의식을 진행 중이다. 요단강 물속 예수 그리스도는? 알몸. 남성의 상징이 보인다. 하지만, 밋밋하다. 단색 조각이기 때문이다. 예수 그리스도의 누드를 묘사한 화려한 채색 작품도 있을까? 동로마 제국 황제들이 내린 1차(726년), 2차(814년) 성상(聖像) 금지령으로 기독교 초기 예수 그리스도 묘사 작품들이 파괴됐지만, 일부 남았다.

서로마 제국의 마지막 수도 라벤나의
아리우스파 세례당 누드 예수와 네온 세례당 누드 예수

네온 세례당. 이탈리아 라벤나

네온 세례당 천장 모자이크

서로마 제국의 마지막 수도이던 이탈리아 북동부 라벤나로 가 보자. 393년 기독교를 국교로 삼은 테오도시우스 황제(Flavius Theodosius, 347~395)는 395년 죽으면서 로마 제국을 둘로 가른다. 콘스탄티노플(이스탄불) 중심의 동로마는 큰아들 아르카디우스, 밀라노 중심의 서로마는 작은아들 호노리우스에게 물려준다. 흔히 서로마 제국의 수도를 로마로 알고 있지만 그렇지 않다. 로마 제국은 이미 286년 디오클레티아누스 황제 때 수도를 로마에서 밀라노로 옮겼다.

호노리우스 황제는 게르만족 일파 서고트족의 침략이 격화되자, 즉위 7년 뒤 402년 수도를 방어에 좋은 아드리아 해안가 늪지 도시 라벤나로 옮긴다. 기마 유목 민족은 해전에 취약하다. 늪지 도시 베네치아도 비슷한 탄생 배경을 갖는다.

그러나 이후 476년 게르만족 오도아케르(스키리족과 흉노족 혼혈 추정)가 라벤나를 정복하며 서로마 제국을 멸망시킨다. 하지만, 12년 뒤, 488년 동로마 제국의 지원을 받은 동고트족 왕 테오도리크(Theodoric the Great, 454~526)가 라벤나를 침략해 오도아케르를 죽이고 493년 라벤나에 동고트 왕국을

예수 그리스도 세례 모자이크. 451년. 이탈리아 라벤나 네온 세례당

세운다. 동고트족은 아리우스파 기독교도였다.

테오도리크가 493년 라벤나에 건축한 아리우스파 세례당 천장에 「예수 그리스도 세례」 모자이크가 1,500년 세월을 넘어 영롱한 빛을 발한다. 요단강물에 예수 그리스도가 서 있다. 오른쪽 강둑에 세례 요한이 오른손을 들어 예수에게 세례를 행한다. 강물 왼쪽에 요단강의 신이 세례 의식을 바라보는 구도다. 앳된 얼굴의 예수 그리스도 모습을 자세히 뜯어보자. 푸른 강물에 잠긴 하체. 물속으로 예수 그리스도의 남성 상징이 선명하게 드러난다.

동고트족 아리우스파의 예수 그리스도 누드 세례 모자이크는 어디에서 유래했을까? 아리우스파 세례당에서 걸어서 15분 거리에 네온 세례당이 자리한다. 451년 건축됐으니, 발렌티아누스 3세 황제(Valentinianus III, 419~455) 시기다. 발렌티아누스 3세는 전임 호노리우스 황제의 조카다. 호노리우스의 여동생이자 테오도시우스 황제의 딸 갈라 플라키디아의 아들이다. 이 시기 기독교 예술이 화려하게 꽃폈다. 이때 만든 네온 세례당 천장을 보자. 요단강에서 세례받는 예수 그리스도의 알몸이 뚜렷하게 드러난다. 동고트족 아리우스파 세례당 그림과 판박이다.

이처럼 대영박물관의 500년 조각, 493년 동고트족 아리우스파 세례당과 451년 서로마 제국 네온 세례당 모자이크의 공통점은 알몸으로 세례받는 예수 그리스도다. 기독교 초기 예수 그리스도 표현은 중세 이후 현재까지 이어지는 엄숙한 분위기의 예수 그리스도 묘사와 사뭇 달랐다.

네로는 어떻게 올림픽에서 우승했을까?

3. 예수 그리스도의 발자국이 남아 있을까? 쿼바디스 교회

부활절은 기독교에서 가장 중요한 기념일이다. 기독교라는 종교는 예수 그리스도가 십자가에 처형된 뒤, 부활한 것을 믿는 데서 출발하기 때문이다. 기독교가 존재하는 근거, 기독교라는 종교가 성립하는 주춧돌이다. 부활절의 유래와 예수 그리스도 처형, 부활 관련 유물을 살펴본다.

요르단 네보산, 모세 기념 교회에 얽힌 모세와 이스라엘 민족 이야기

요르단으로 가 보자. 이스라엘과 국경을 이루는 사해 동쪽 산악지대에 네보산이 자리한다. 해발 710m이니 꽤 높다. 네보산에 오르면 먼저 구약 민수기에 야훼가 보낸 것으로 나오는 구리뱀 동상이 맞아준다. 구리뱀 조각 너머로 사해 푸른 물결과 북쪽 끝으로 오아시스 도시가 눈에 들어온다. 예리코(Jericho)다. 갈릴리 호수에서 시작하는 요단강이 사해와 만나는 지점의 옥토. 모세는 네보산에서 예리코를 가리키며 야훼가 약속한 땅(Promised Land)이라고 말한 것으로 알려져 있다. 네보산 정상에 모세 기념 교회가 아담한 자태를 드러낸다. 동로마 시대 모자이크가 남아 있는 교회

네보산 모세기념 교회 입구에 교황 요한 바오로 2세가 2000년 세운 기념비

는 기독교가 공인된 직후 4세기 전반부 처음 건축된 것으로 보인다.

모세 사후 여호수아의 인도로 이스라엘 민족은 땅 밟기로 예리코를 접수한다. 젖과 꿀이 흐르는 가나안의 핵심지역, 예리코를 차지할 수 있게 된 배경은 무엇일까? 이집트 탈출이다. 이스라엘 민족 요셉은 이집트에 와서 고위 관료가 됐다. 이후 많은 이스라엘인들은 이집트에 노동자로 왔다. 구약 출애굽기를 보면 이집트 파

네보산에서 내려다본 사해와 예리코

라오가 이집트 땅에 살던 이스라엘 민족을 탄압하자 야훼가 죽음의 사자를 보낸다. 이집트의 모든 큰아들을 죽이는데, 문기둥에 어린 숫양의 피를 발라 야훼에게 예의를 표한 이스라엘 민족은 살려준다.

이 재난을 무사히 넘긴 이스라엘 민족이 모세의 영도 아래 이집트 땅을 벗어나 가나안으로 왔고, 재난을 무사히 넘긴 것을 기념하는 축제가 유월절(逾越節)이다. 무사히 '지나고(逾)', '넘겼다(越)'라는 뜻이다.

유월절 최후의 만찬과 십자가 처형, 부활

네보산에서 내려와 요단강에 마련된 국경 검문소를 지나면 이스라엘 예리코다. 여기서 1시간여 거리에 예수 그리스도가 최후를 마친 도시, 예루살렘이 자리한다. 로마 병사에게 잡히기 전 예수 그리스도가 제자들과 최후의 만찬을 갖는다. 그날 저녁이 이스라엘 민족 명절인 유월절로 목요일이라는 설이 유력하다. 빵을 자신의 몸, 포도주를 자신의 피라고 표현하며 제자들에게 나눠준 예수 그리스도는 올리브 동산(감람산)에 올라 '올리브기름 짜는 틀'이란 뜻의 겟세마니에서 붙잡힌다. 다음 날 금요일 로마 법정에서 사형 판결을 받고, 십자가를 진 채 비아 돌로로사(Via Dolorosa, 슬픔의 길)을 걸어 골고다 언덕에 이른다. 그리고 십자가에 못 박힌다. 하루를 지나 처형 사흘째인

최후만찬 교회 내부

성분묘 교회

일요일 새벽에 예수 그리스도가 부활한다는 게 기독교 교리의 핵심이다.

그럼, 부활절 날짜는 어떻게 정한 것인가? 이스라엘 민족 최대 명절 유월절, 즉 '페사흐'는 로마 태양력으로 3~4월, 봄철이다. 로마의 봄을 상징하는 춘분은 3월 21일경이다. 춘분에서 첫 번째 음력 15일, 그러니까 보름달이 뜬 뒤 첫 번째 일요일을 부활절 날짜로 삼는다. 부활절 날짜 산정은 초기 교회 시기부터 이견이 있었지만, 콘스탄티누스 대제 때 325년 니케아 공의회에서 공인된 이 방식이 오늘날까지 이어진다. 그래서 부활절 날짜는 매년 바뀐다.

예수 그리스도가 부활하기 전 처형됐다는 장소로 가 보자. 예루살렘 구시가지 성벽 내부는 4개 지구로 갈려 거주 주체가 달라진다. 기독교, 이

성분묘 교회 내부 예수 그리스도 처형 바위　　　성분묘 교회 내부 예수 그리스도 염습 바위

슬람, 아르메니아 정교, 유대인 구역 가운데 기독교 구역에 성분묘(Holy Sepulchre)교회가 자리한다. 예수 그리스도가 처형돼 묻힌 성스러운 무덤 교회라는 의미다. 그런데 이 장소가 정말 예수 그리스도 처형 장소일까?

여기라고 정한 인물은 콘스탄티누스 대제의 어머니 헬레나다. 서로마 황제이던 콘스탄티누스가 325년 동로마까지 장악하며 1인 지배체제를 굳히자, 헬레나는 동로마가 관할하던 예루살렘을 326~328년 사이 2년간 방문한다. 70대 고령의 헬레나는 예루살렘에 와서 몇 가지 기적을 일구는데…. 먼저 예수 그리스도가 처형 당시 등에 졌다는 나무 십자가 조각을 찾아낸 뒤, 그 장소를 처형 장소로 특정한 거다. 당시 유대 지방에서 널리 쓰이던 아람어로 해골이라는 의미의 '굴갈타', 이스라엘 히브리어로 '골고다', 라틴어로 '갈보리'다.

이곳에 326년 작은 교회가 들어섰다. 614년 페르시아, 1009년 이슬람 파티마 왕조 칼리프 알 하킴에 파괴된 것을 1098년 예루살렘을 탈환한 1 차 십자군이 1149년 재건해 오늘에 이른다. 당시 교회 건축에 널리 쓰인 로마네스크 양식이다. 안으로 들어가면 예수 그리스도를 염했다는 바위 도 남아 있다.

아피아 가도

　헬레나가 일군 또 하나의 기적, 예수 그리스도의 부활 장소를 보기 위해 예루살렘 올리브 동산(mount of olives) 꼭대기로 올라가 보자. 헬레나가 326~328년 예수 그리스도의 승천 장소로 특정한 곳에 383년 포이메니아라는 사람의 자금으로 교회가 건축됐다. 승천(Ascension) 교회다. 이곳은 이슬람 지구다. 1198년 이슬람 아이유브 왕조(*참고) 때 모스크로 개조해 오늘에 이른다. 부활절로부터 40일째인 승천 기념일에 기독교도의 예배와 기념 예식을 허용해 준다.

　승천교회에는 예수 그리스도가 승천할 때 남겼다는 발자국이 보존돼 있다. 승천 바위(Rock of Ascension)다. 회색 바위에 노란빛의 오른발 자국이 남아 있는데, 기독교계는 예수 그리스도가 인간 육신으로 남긴 마지막 흔적이라는 의미를 부여하고 있다.

쿼바디스 교회와 성 세바스티아노 교회

이탈리아 수도 로마 남쪽 아피아 가도로 가 보자. B.C. 312년 착공돼 그 해부터 사용된 아피아 가도는 지금도 일부 구간이 쓰인다. 아피아 가도에 쿼바디스(QUO VADIS) 교회가 자리한다.

예수 그리스도 부활 뒤, 12사도 가운데 중심인물이자 초대 로마 교황이라 불리는 베드로는 제국의 수도 로마에서 선교활동을 펼친다. 그러다 64년 네로 황제가 기독교도를 처형하자, 아피아 가도를 따라 남쪽으로 피난을 떠난다. 베드로는 반대편 남쪽에서 로마로 들어오는 예수 그리스도를 마주친다. 베드로가 예수 그리스도에게 "도미네 쿼바디스(DOMINE, QUO VADIS?)"라고 묻는다. '도미네'는 '신', '쿼바디스'는 라틴어로 '어디로 가느냐'라는 뜻이다. 즉 "주여! 어디로 가시나이까?"라고

쿼바디스 교회

산 세바스티아노 교회

예수 그리스도 발자국. 산 세바스티아노 교회

베드로가 여쭤본 거다. 로마로 순교하러 간다는 예수 그리스도의 말에 크게 뉘우친 베드로는 다시 로마로 들어가 바울과 함께 순교한다. 베드로가 묻힌 자리가 오늘날 바티칸 대성당이고, 베드로가 예수 그리스도를 만난 자리에 세운 교회가 쿼바디스 교회다.

쿼바디스 교회 안에 베드로가 만난 예수 그리스도의 발자국이 남아 있다. 예루살렘의 승천 교회에는 오른쪽 발자국만 있는데, 여기는 양쪽 발자

산 세바스티아노 무덤. 산 세바스티아노 교회

　　　　　네로는 어떻게 올림픽에서 우승했을까?

국이 남아 있다. 많은 순례객들이 찾지만, 실은 복제품이다. 이곳에 있던 진품 발자국은 장소를 옮겼다. 퀴바디스 교회에서 남쪽으로 조금 더 내려가면 성 세바스티아노 교회가 나온다. 성 세바스티아노 카타콤과 같은 장소인데, 지하는 카타콤이고 지상이 교회다.

예수 그리스도 조각. 베르니니가 82살 죽기 직전 최후로 남긴 작품

　퀴바디스 교회에 있던 예수 그리스도 발자국을 이곳으로 옮겨놨다. 이 교회에는 귀한 유물이 하나 더 있다. 르네상스 이후 최고의 천재 조각가로 칭송받는 조반니 로렌초 베르니니(Giovanni Lorenzo Bernini, 1598~1680)가 1680년 82살의 나이로 죽기 직전 마지막으로 조각한 작품, 예수 그리스도 조각상이 바로 이 교회에 전시돼 순례객을 만난다.

4. 지혜의 상징 솔로몬은 어떻게 태어났을까? 다윗과 밧세바

인류 역사 최초의 법은? 메소포타미아 문명의 창시자 수메르의 라가시 왕국(이라크 텔로, 유프라테스 강변) 우르카기나 왕이 B.C.2351~B.C.2342년 사이 만든 개혁 법안이다. 단군 할아버지보다 더 오래된 법치 전통에 새삼 놀란다. 현재 대한민국에 법치가 작동하는가? 진정한 법의 정신이 무엇인지 되새기며 인류사 명 재판, '솔로몬의 판결'에 얽힌 역사 예술 속으로 들어간다.

시바의 여왕과 솔로몬

불가리아 제2 도시 플로브디프로 가 보자. 인구 35만으로 아담하지만, 로마극장이 남아 있을 만큼 유서 깊은 역사 도시다. 시가지 가운데 개울이라는 표현이 어울릴 강이 흐른다. '마리차(Maritza)'. 70~80년대 라디오에서 자주 나오던 샹송 '라 마리차강의 추억'의 바로 그 강이다. 올해 여든 살의 실비 바르탕은 아버지를 따라 프랑스로 망명하기 전 소녀 시절 공산주의 체제 아래 고향 플로브디프에서 살았다. 그때 마리차강을 회상하며 이 노

플로브디프 로마극장. 샹송 가수 실비 바르탕의 고향이다. 극장에서 걸어서 10분 거리에 마리차강이
자리한다.

래를 불렀다.

마리차강은 튀르키예, 그리스를 거쳐 지중해로 흘러든다. 지중해 동쪽 이
스라엘 예루살렘에도 샹송이 들렀을까? 실비 바르탕이 '라 마리차강의 추
억'을 내놓기 1년 전 1967년 불러 인기를 모은 곡이 '시바의 여왕(La Reine de
Saba)'이다. 이스라엘 왕국 예루살렘에서 솔로몬왕과 만났다는 시바의 여왕.

에티오피아 수도 아디스아바바로 가 보자. 거리의 흙벽돌집 입구에서
커피를 볶는 여인들을 심심치 않게 볼 수 있다. 시내 중심가 에티오피아
고고학 박물관은 가장 완벽한 형태의 오스트랄로피테쿠스 유아 화석, 320
만 년 된 3살짜리 '셀람' 화석을 전시 중이다. 직립보행을 하면서도 나무를
잘 타던 '셀람' 화석을 보고 2층으로 올라간다. 좀 투박해 보이는 그림 한
점에 눈이 번쩍 뜨인다. '시바의 여왕과 솔로몬의 만남'. 17세기 그림이라
는 설명 외에 다른 정보가 없어 아쉽지만, 분명한 것은 박물관 측이 이 그

솔로몬과 시바의 여왕. 17세기 그림. 에티오피아 국립 박물관

림을 아주 소중하게 다루고 있다는 점이다. 왜 그럴까?

먼저, 시바의 여왕이 등장하는 구약성경 열왕기 상 10장 1~13절을 보자. 여왕은 솔로몬의 지혜와 부에 대한 소문을 듣고 고국 시바를 떠나 예루살렘으로 찾아간다. 여왕은 화려한 궁전과 성전은 물론 솔로몬의 지혜에 감탄한다. 향료를 포함해 진귀한 선물을 바치고, 답례품도 후하게 받는다. 솔로몬은 여왕 일행이 시바 왕국으로 무사히 돌아가도록 도와준다.

이슬람교 경전 코란의 수라 27장 20~44절에도 시바 여왕은 '빌키스(Bilkis)'라는 이름으로 나온다. 시바 여왕이 태양신 숭배에서 유일신 신앙으로 개종했다고 소개한다. 하지만, 기독교 일파인 에티오피아 정교회가 14세기 기록한 문헌 「케브라 나가스트(Kebra Nagast)」에는 드라마틱한 내용이 실린다. 시바의 여왕이 솔로몬과 동침한 뒤, 임신해서 귀국했다는 이야기다.

시바가 낳은 아들이 에티오피아 메넬리크 1세이고, 아버지 솔로몬이 준 야훼의 언약궤(십계명)를 받아왔다는 것이다. 더 흥미로운 대목은 현대 이스라엘이다. 이스라엘은 에티오피아 출신 흑인들 가운데 심사를 거쳐 유대인으로 인정하고 귀화를 허용한다. 흑인 유대인, 팔라샤(Fallash) 혹은 베타 이스라엘(Beta Israel)이라 부른다. 1984년 모세 작전, 1991년 솔로몬 작전을 통해 수만 명의 에티오피아 흑인이 이스라엘에 정착했다. 현재 16만 명이 넘는다. 에티오피아에서 주류 암하라족의 기독교(에티오피아 정교회)에 눌려 살다 메시아의 구원을 받은 것일까….

예루살렘 통곡의 벽에서 보는 솔로몬 성전

예루살렘 구시가지 중심부에 자리한 '통곡의 벽(Wailing Wall)'으로 가 보자. 1년 내내 유대교도 순례 행렬로 장사진을 이룬다. '통곡의 벽'의 다른 이름은 '서쪽 벽(Western Wall)'이다. 무슨 서쪽이란 뜻인가? '통곡의 벽'에서 서쪽 신시가지에 자리한 이스라엘 박물관으로 가서 확인해 보자. 박물관 정원에 예루살렘 구시가지 모형을 만들어 놨다. 솔로몬이 B.C. 10세기 중반 야훼에게 바치기 위해 만들었다는 이스라엘 민족 최초의 야훼 성전도 보인다. 구약 열왕기 상 5장과 7장에는 두로, 즉 알파벳을 발명한 페니키아 왕국 티레(Tyre)의 히람왕이 재료와 기술자를 지원해 건축했다고 기록된다. 동맹국 페니키아의 지원을 받은 성전의 서쪽 벽면이 '통곡의 벽'이다.

한편, 9세기 동로마 제국 역사가 테오파네스의 『연대기(Chronographia)』에 흥미로운 대목이 보인다. 537년 유스티니아누스 황제가 성 소피아 성당을 완공하고 "솔로몬이여 내가 당신을 이겼다"라는 취지로 말했다고 적는다. 솔로몬 대성전이 있던 언덕 성전산(Temple Mount)에는 이슬람교 3대 성지의 하나인 황금 돔(바위 돔) 모스크가 우뚝 솟았다. 살아 숨 쉬는 유기체

예루살렘 통곡의 벽. 황금 돔이 있는 자리가 솔로몬이 세운 대성전 자리다.

처럼 변화하는 종교 양상을 뒤로 하고, 성전을 만든 솔로몬의 아버지 다윗 (David)을 만나러 간다.

솔로몬의 아버지 다윗

이탈리아 피렌체 아카데미아 갤러리. 5.17m 높이의 늠름한 남자 누드 조각이 탐방객의 시선을 빼앗는다. 거인 골리앗을 물리친 다윗. 피렌체 시 정부(시뇨리아)의 의뢰로 미켈란젤로가 1504년에 완성했다. 피렌체 두오 모(대성당)에 설치할 계획이었지만, 시뇨리아 광장의 시 정부 청사 앞에 세웠다. 다윗 조각은 B.C. 5세기 그리스 고전기 숭고미 조각 기법과 인간 중심 예술철학을 되살린 르네상스의 상징이다. 아울러, 절대 왕정의 스페인, 프랑스, 신성 로마 제국에 대항하는 자유 공화국 피렌체의 메타포(은유)다.

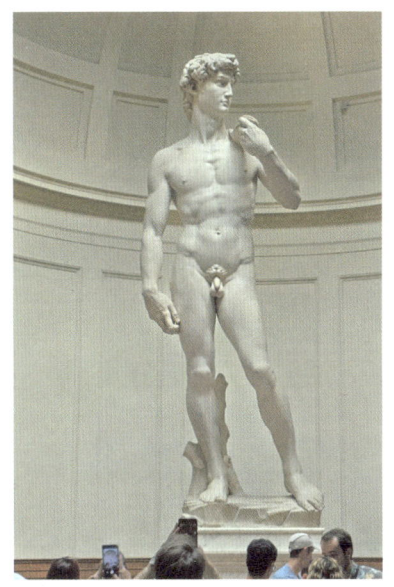

다윗(David). 미켈란젤로 1504년 제작. 피렌체 아카데미아 갤러리

다윗의 편지를 받은 밧세바. 빌렘 드로스트 1654년 작. 루브르 박물관

1873년 아카데미아 갤러리로 옮겨 현장에는 복제품이 자리를 지킨다.

　루브르 박물관 명화 전시실로 가면 다윗과 밧세바의 사랑이 피어오른다. 렘브란트의 제자인 빌렘 드로스트(Willem Drost, 1633~1659)가 1654년 그린 「다윗의 편지를 받은 밧세바」를 보자. 밧세바는 구약 사무엘 하 11장에 나오는 헷(히타이트) 사람 우리아의 아내다. 다윗은 목욕하는 밧세바의 누드를 우연히 보고 한눈에 반해 왕궁으로 불러 동침한다. 남편 우리아를 전쟁터로 보내 죽게 만든 뒤 그녀를 아내로 취한다. 남편을 배신하며 권력자 다윗의 사랑을 거부하지 못하는 연약한 여인 밧세바의 심리가 드로스트의 붓끝 아래 육감적으로 묻어난다. 기뻐할 수도, 슬퍼할 수도 없는 운명을 체념적으로 받아들여 밧세바가 낳은 첫아들은 죽고, 다윗의 아내가 된 뒤 낳은 둘째 아들이 솔로몬이다.

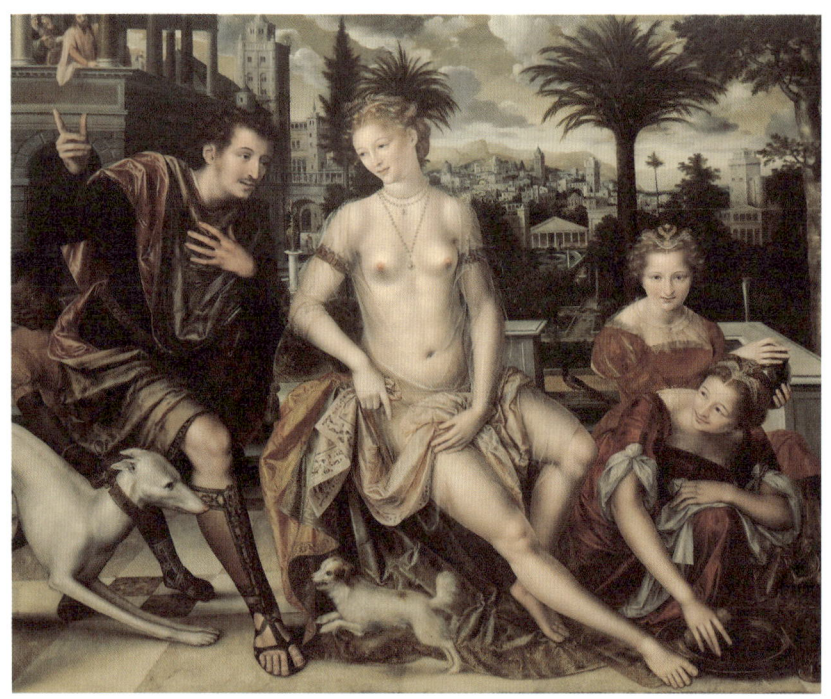

다윗과 밧세바. 다윗은 멀리 왼쪽 뒤편 건물 창가에서 목욕 중인 밧세바를 바라보는 중이다. 밧세바 앞에 있는 남자는 다윗의 전갈을 갖고 온 다윗의 신하다. 얀 마시스 1562년 작. **루브르 박물관**

지혜로운 솔로몬

330년부터 1453년까지 1,200년 넘게 서양 사회 최고 도시 콘스탄티노플, 오늘날 이스탄불의 술레이만 무덤으로 가 보자. 오스만 튀르키예 제국을 최고 번영기로 올려놓은 이슬람 문화권 최고의 정복 군주 술레이만 대제(재위 1520년~1566)의 아담한 무덤 옆에는 거대한 모스크도 자리한다. 구약의 솔로몬을 이슬람 문화권에서는 술레이만(Süleyman)이라 부른다. 지혜롭고, 용감한 남자의 상징이 술레이만이다. 그만큼 이슬람권에서도 솔로몬을 높게 평가한다. 이유는?

루브르에는 밧세바를 다룬 작품 옆에 「솔로몬의 심판」도 전시 중이다. 프

네로는 어떻게 올림픽에서 우승했을까?

랑스 바로크 화가 니콜라 푸생의 1649년 작품이다. 구약 열왕기 상 3장 16~28절에 나오는 이야기. 2명의 창녀가 아이 1명을 놓고 제 아기라고 우기는 상황에서 솔로몬은 반으로 가르라고 명한다. 아기를 칼로 자르겠다는 가짜 엄마. 자식의 생명을 빼앗을

다윗의 유혹을 전해 듣는 밧세바. 야곱 반 루 1650~1660년 작. 루브르 박물관

수 없어 자신이 엄마가 아니라는 진짜 엄마. 솔로몬의 지혜로운 판결로 아기는 진짜 엄마의 품에 안긴다.

술레이만 영묘. 16세기 오스만 튀르키예 제국 최고 전성기를 이끈 이슬람 세계 최대 정복 군주의 무덤. 솔로몬의 이슬람식 이름이 술레이만이다. 이스탄불

대한민국 정치를 돌아보자. 탐욕에 찌든 입법부, 여기에 오염된 사법부, 갈팡질팡 행정부가 빚어내는 불협화음 광시곡(狂詩曲, Rhapsody). 소중한 대한민국의 운명은 뒷전인 채 폭주하는 위정자들에 대항할 솔로몬은 오직 지혜로운 국민뿐이다.

솔로몬의 심판, 니콜라 푸생 1649년 작. 루브르 박물관

솔로몬의 심판. 라 스파뇰레토 1612년 작. 로마 보르게제 미술관

네로는 어떻게 올림픽에서 우승했을까?

5. 유대인은 왜 2천 년 가까이 고향을 떠나야 했나? 디아스포라

이스라엘 가자 지구 팔레스타인 자치정부 집권 세력 하마스와 이스라엘 간 피의 갈등이 끊이질 않는다. 선량한 주민들이 목숨을 잃는다. 힘이 약한 팔레스타인 주민의 피해가 물론 더 크다. 보따리를 싸 고향을 떠나는 팔레스타인 사람들 행렬에 과거 유대인들이 강제로 삶의 터전 유대 땅을 떠나야 했던 디아스포라(Diaspora, 강제 이주) 수난사가 겹친다. 가해자와 피해자가 뒤바뀌고, 뒤섞이는 역사의 아이러니를 남의 일 같지 않게 바라보며 B.C. 5세기 그리스 최고의 희곡작가 소포클레스의 명언을 반추해 본다. "전쟁은 언제나 악한 사람보다 선량한 사람만 죽인다."

모세 및 여호수아와 관련한 지역들-시나이산, 네보산, 예리코

지금은 고인이 된 액션 영화배우 숀 코너리. 1962년 007시리즈 1편 「닥터 노」를 통해 제임스 본드 역으로 영화사의 한 장을 장식했다. 그가 1986년 수도사 역을 맡았던 영화 「장미의 이름」. 움베르토 에코 원작인 이 영화 촬영지는 이집트 시나이반도 남부 시나이산 성 캐더린(St. Catherine) 수도원

시나이산 일출. 풀 한 포기 찾기 어려운 황량한 지형이 잘 나타난다.

네보산 구리 불뱀. 예수그리스도를 상징하는 십자가 형상으로 만들었다. 신구약의 융합

이다. B.C.6세기 건축됐다. 2000년 6월 이곳을 찾았다. 근처 숙소에서 새벽 1시 30분 모닝콜을 받고 산행을 시작했다.

칠흑 같은 어둠 속을 먼지 풀풀 날리며 한참을 올라 정상에 이르렀다. 한여름이지만 사막의 새벽은 한기를 느낄 정도다. 마침내 멀리 동쪽 하늘에서 붉은 태양이 솟고, 환한 햇빛 아래 드러난 대지는 온통 황토색 황량한 돌산뿐이다. 이곳에서 야훼가 모

네로는 어떻게 올림픽에서 우승했을까?

예리코 시카모어 나무. 예수 그리스도가 왔을 때 세무공무원 자케우스가 올라갔던 나무다.

세에게 언약궤, 일명 십계를 전했다고 구약성경 출애굽기는 전한다. 이집트에서 유대민족을 이끌고 나온 모세는 젖과 꿀이 흐르는 약속의 땅 가나안으로 향한다.

　모세가 도착한 곳은 오늘날 요르단의 네보산이다. 이스라엘과 요르단의 국경을 이루는 사해(Dead Sea) 동쪽이다. 네보산 정상에 6세기 이후 교회로 사용된 모세 기념교회가 맞아준다. 교회 앞마당에 서면 구리 불뱀이 혀를 내민다. 구약 민수기에 보면 야훼가 불뱀을 보내 이스라엘 백성에게 피해를 입힌다. 모세의 간절한 기도를 들은 야훼가 구리 불뱀 처방전을 내린다. 이에 모세가 구리 불뱀을 만들어 뱀에게 물린 사람을 고쳐준다. 이를 기념한 구리 불뱀 기둥은 신약의 예수그리스도 십자가 디자인을 따랐다.

　신구약의 융합. 구리 불뱀 기둥 너머로 사해, 젖과 꿀이 흐르는 에리코

(Jericho)가 한눈에 펼쳐진다.

사마리아 지방 갈릴리 호수에서 흘러나온 맑은 물 요단강은 사해로 흘러든다. 높은 염분 함량의 사해 입구에 예리코가 자리한다. 황량하기 그지없는 사막 한가운데 기적 같은 오아시스. 예리코에서는 B.C.6천여 년 토기와 조각 등이 출토된다. 인류의 신석기 농사 문명 주요 기원지 가운데 하나다. 예리코에 가면 잎이 무성한 시카모어 나무를 만난다. 키 작은 세무공무원 자케우스가 군중 사이로 예수 그리스도를 보기 위해 올랐던 나무로 전해진다.

모세는 예리코에 이르지 못하고 네보산에서 죽는다. 요단강을 건너 예리코로 유대인을 인도한 인물은 여호수아라고 구약 여호수아서는 전한다. 그 유명한 땅 밟기를 통해 비옥한 오아시스 예리코를 빼앗는다. 이후 B.C.11세기 말 사울이 최초의 유대 국가 이스라엘을 세운다.

다윗의 아들 솔로몬 때 예루살렘 수도 대성전 건립

이탈리아 르네상스 상징 도시 피렌체로 가 보자. 중세 피렌체 공화국 청사 입구에 알몸의 남자가 시뇨리아 광장을 응시한다. 1504년 천재 조각가 미켈란젤로가 피렌체 공화국의 의뢰를 받아 조각한 다윗이다. 진품은 근처 아카데미아 갤러리에 모셔놨다. 거인 골리앗을 돌팔매로 물리친 다윗이 사울에 이어 이스라엘 왕위에 오른다. 다윗은 꾀가 많았다. 부하 장군을 멀리 보내 전사시키고, 그의 아내 밧세바를 가로채 아들 5명을 낳았으니 말이다. 밧세바가 낳은 아들 가운데 솔로몬이 왕위를 잇는다.

솔로몬은 야훼에게 바치는 대성전을 예루살렘에 짓는다. 예루살렘의 이스라엘 박물관 야외 정원에 큼직한 모형이 손짓한다. 실물도 볼 수 있을까? 예수 그리스도 시대 헤롯왕이 재건했던 성전 서쪽 벽면 일부가 서쪽벽

다윗. 피렌체 공화국 청사 입구에 있는 복제품. 진품은 아카데미아 갤러리 소장

(Western Wall) 혹은 통곡의 벽(Wailing Wall)이란 이름으로 남았다. 지금도 많은 유대인이 이곳을 매일 찾는다. 유대인의 정신적 구심점이다. B.C. 10세기 솔로몬이 죽은 뒤, 나라가 북쪽의 이스라엘, 남쪽의 유대 왕국으로 나뉜다.

유대의 디아스포라 역사

프랑스 파리 루브르 박물관 메소포타미아 전시실에 신아시리아 제국(B.C.934~B.C.612) 시기 수도 두르 샤루킨(Dur Sharrukin, 현재 코르사바드)에서 출토한 조각이 기다린다. 사람 얼굴에 황소, 독수리를 합친 형상의 수호신 라마수가 눈길을 사로잡는다. 그 옆에 사르곤 2세가 수염을 흩날리며 위엄을 뽐낸다. B.C. 722년 사르곤 2세는 유대인의 북쪽 나라 이스라엘 왕국

통곡의 벽과 황금 사원. 유대인의 정신적 구심점이다.

을 멸망시키고, 유대인을 끌고 간다. 유대 역사에서 첫 디아스포라다. 루브르의 사르곤 2세 궁정 벽면 조각들은 아마도 이때 끌려간 유대인들의 피와 땀이 스민 결과일지도 모른다. 신아시리아 제국은 사르곤 2세의 손자 아슈르바니팔(B.C.669~B.C.627) 때 절정으로 발전하고 급속히 쇠락을 길을 걷는다.

　독일 수도 베를린을 가로지르는 슈프레강 한가운데 박물관 섬이 자리한다. 19세기 조성된 박물관 섬 가장 북쪽에 있는 페르가몬 박물관으로 가보자. 튀르키예의 헬레니즘 도시 페르가몬을 발굴해 가져온 유물로 가득하다. 메소포타미아 신바빌로니아 제국(B.C.625~B.C.539년, 칼데아 제국) 수도 바빌론에서 발굴해 온 이슈타르 게이트의 쪽빛 타일이 눈부시다. B.C.612년 신아시리아 제국을 무너트린 나보폴라사르의 아들 네부카드네자르 2

솔로몬이 건축한 대성전 모형. 예루살렘 이스라엘 박물관

세(느브갓네살) 유적이다. 네부카드네자르 2세는 B. C. 587년 유대인의 남쪽 나라 유대 왕국을 멸망시키고, 유대인들을 수도 바빌론으로 끌고 간다. 바빌론의 유수(幽囚), 2차 디아스포라다.

베르디의 오페라 「나부코」는 네부카드네자르 2세를 가리킨다. 오페라 소품 「히브리 노예의 합창」은 끌려간 유대인들의 노래다. 1970년대 인기를 모은 보니엠의 「바빌론 강가에서」는 바빌론 유프라테스강 강가에서 유대인

사르곤 2세. 오른쪽이 사르곤 2세다. 유대인 1차 디아스포라를 일으킨 장본인이다. 루브르 박물관

들이 고향 시온산을 그리는 노래다. 구약 시편에 나오는 내용을 가사로 삼은 거다.

신바빌로니아 제국, 페르시아제국을 거쳐 유대 땅은 알렉산더의 그리스 손으로 넘어간다. 이어 B.C.63년 폼페이우스

유대인 2차 디아스포라를 일으킨 신바빌로니아 제국 네부카드네자르 2세의 바빌론 이슈타르 게이트. 베를린 페르가몬 박물관

가 예루살렘을 약탈하면서 로마의 손아귀에 들어간다. 유대인은 로마에 대항해 독립전쟁을 3번 일으킨다. 1차는 로마 베스파시아누스 황제 때다. 사막 요새 도시 마사다 최후 항전은 73년 무참히 진압된다. 트라야누스 황제 때 115년 알렉산드리아 거주 유대인이 일으킨 저항도 막대한 희생 끝

에 실패한다. 이때 대대적인 유대인 학살이 벌어져 지중해 최대 경제도시 알렉산드리아의 힘이 약해진다. 하드리아누스 황제 때 3차 최종 저항이 펼쳐진다. 유대 최고 랍비이던 아키바가 시몬 바르코크바를 구약 민수기 24장에 나오는 메시아로 선언하면서 독립의 불길이 타올랐다. 불은 3년 만인 135년 꺼졌다.

이후 로마는 유대인의 저항을 원천 봉쇄하기 위해 모든 유대인을 다른 지역으

네부카드네자르 2세가 유대를 정복한 이야기를 담은 쐐기문자 점토판. 런던 영국 박물관

네로는 어떻게 올림픽에서 우승했을까?

마사다 모형. 73년 로마에 대항해 독립투쟁을 벌였던 유대인 1차 항쟁 거점이었다. 마사다

로 이주시켰다. 유대인 없는 유대 땅의 탄생이다.

유대 땅에 다시 유대인이 등장한 것은 1천800여 년 지나서다. 19세기 말 시오니즘(Sionism), 즉 예루살렘 시온(Sion) 산으로 돌아가자는 운동이 생겨났다. 1914년 터진 1차 세계대전 당시 영국의 정책이 시오니즘에 불을 붙였다. 유대인의 팔레스타인 귀환이 본격화되면서 기존에 살던 아랍인과 갈등이 생겼다. 중동의 화약고는 그렇게 태어났다. 이후 전개된 역사는 다음 기회에 다룬다.

하드리아누스 황제. 135년 유대인 항쟁을 진압하고 유대인을 유대 땅에서 완전히 추방했다. 이후 1,800여 년 동안 유대 땅에 유대인은 살 수 없었다. 로마 팔라조 마시모 박물관

6. 아랍 이슬람은
초기 어떤 모습이었을까?
아사비야, 실용, 검소

　사우디에 두 번 놀랐다. 월드컵에서 메시의 아르헨티나 격파. 37살 무함마드 빈살만 사우디 총리 겸 왕세자의 행보. 빈살만의 천문학적 경호 비용과 모순돼 보이지만, 검소와 질박은 실용주의, 끈끈한 연대와 함께 아랍 이슬람 문화의 핵심 가치다. 1970년대 이후 한국경제 활로 모색의 한중간에서 큰 역할을 해왔던 아랍 이슬람권의 초기 역사를 들춰본다.

이븐 할둔… 『무깟디마』에서 찾은 이슬람 정신 '아사비야'

　'아사비야(Asabiyah, 연대)'. 이븐 할둔. 1332년 북아프리카 튀니지에서 태어난 그의 조상은 아랍계다. 7세기 이슬람의 이베리아반도 진출 당시 스페인 땅으로 갔다. 하지만, 1248년 스페인 남부 최대의 이슬람 도시 세비야가 기독교군에 재정복되면서 튀니지로 옮겼다. 할둔은 알람브라 궁전으로 유명한 그라나다에서 활약하다 1378년 이집트에 정착한다. 당시 할둔은 카이로가 성과 궁전, 학교로 가득 찬 세계의 정원, 어머니라고 극찬한다. 오늘날 1,000만 명이 북적이며 뿜어내는 문명 뒤꼍의 숨 막히는 모

튀니지 카이루안. 이슬람 제국 성공 비결을 '아사비야'로 정의한 이블 할둔의 고향 튀니지의 이슬람 유적지다.

알람브라 궁전. 아라야네스 정원 북쪽 면의 코마레스 탑과 대사들의 방. 이븐 할둔은 그라나다에서 생활하며 학문을 연구했다.

이집트 중세 이슬람 지구. 알 무이즈 리딘 알라 거리. 969년 파티마 왕조 카이로 설치. 이븐 할둔은 카이로에 머물며 그의 사상을 완성했다.

습, 낡고 칙칙한 상황이 아니었다.

할둔은 1384년부터 1406년 사망할 때까지 카이로에서 교육에 종사하며 자서전을 썼다. 자서전 속 『무깟디마(Muqaddimah, 역사서설)』에 당대 이슬람 문화권 최고 지성으로 꼽히던 할둔의 사상이 잘 녹아 있다. 할둔은 아랍 이슬람이 단시간 내 성공한 비결 가운데 하나를 '아사비야'라고 정의했다. 척박한 사막에서 생존을 위해 부족 내 끈

이븐 툴룬 모스크. 툴룬 왕조 시기 876~879년 건축. 카이로

네로는 어떻게 올림픽에서 우승했을까?

알 아즈하르 모스크. 파티마 왕조 시기 970년 건축. 카이로

끈한 유대가 절대적으로 필요하고, 부족을 넘어 국가 건설의 동력이 된다
는 통찰이다.

칼라운 컴플렉스 마드라사 13세기. 카이로

술탄 하산 모스크-마드라사. 마물루크 바흐리르
왕조 1363년 완공. 카이로

무함마드, 이슬람교 창시 및 '아사비야(연대)'로 이슬람 국가 확립

570년 이슬람 창시자 무함마드(Muhammad, 570~632)가 사우디아라비아 메카에서 태어났다. 조실부모하고 할아버지와 작은아버지 아래 자랐다.

히라 동굴. 메카. 무함마드가 천사로부터 계시를 받았다는 장소

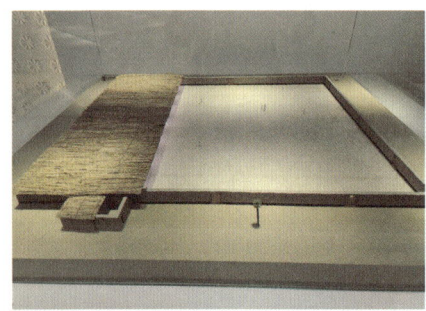

무함마드가 메디나로 헤지라를 단행한 뒤, 처음 만든 모스크 모형. 메디나 예언자 모스크 전시관

혈연이라는 끈끈한 유대의 틀 안에서 성장한 무함마드. 595년 25살 때 결혼으로 인생의 큰 전환기를 맞는다. 15살 연상인 부유한 과부 하디자가 건실한 하인 무함마드를 남편으로 맞았다. 경제적 여유를 찾은 무함마드는 아

예언자 모스크. 메카에서 메디나로 이동한 무함마드가 처음 모스크를 만든 장소. 무함마드 무덤도 여기에 설치됐다.

무함마드 무덤. 메디나 선지자 모스크

2장 예술 종교

라비아 사막 부족의 현자들처럼 여름이면 동굴에 들어가 금욕, 금식 기도로 정신 수양에 몰입했다. 그러던 중 610년 40살에 메카 북쪽 히라 동굴에서 가브리엘 천사로부터 계시를 받았다고 한다. "꾸란(읽어라)!" 그렇게 가브리엘 천사의 말을 따라 읽은 것이 이슬람 경전 꾸란(코란)의 출발이다.

깨달음을 얻은 무함마드는 당시 다신교 사회 메카에서 유일신 알라를 설파했다. 아내 하디자가 첫 신도가 됐지만, 정신이상자로 취급받았다. 619년에 버팀목이던 작은아버지와 아내 하디자가 죽어 상황은 더 나빠졌다. 그때까지 신도는 10명 남짓. 622년 무함마드는 고향에서 인정받는 선지자는 없다면서 지지자들을 데리고 메디나로 피신한다. 헤지라(성스러운 도망). 이슬람의 출발이다.

무함마드는 메디나에서 연대를 기초로 한 이슬람 공동체를 만들어 반대파를 복속시키고 정복지를 확대한 끝에 630년 메카에 입성한다. 아담이 건축하고 아브라함이 재건했다는 카바신전을 알라의 신전으로 바꾼다. 유대교와 기독교에 이어 인류사 3번째 유일신 신앙, 이슬람교의 막이 본격적으로 오른다. 새벽, 정오, 오후, 저녁, 밤. 5번 모스크에서 아잔(Azzan, 기도를 알리는 음성)에 맞춰 기도하는 이슬람교 국가의 이후 정복사는 눈부시다.

우마르와 이슬람의 실용 정신

무함마드는 13명의 부인을 뒀지만, 자식 복은 많지 않았다. 첫 부인 하디자 소생의 두 아들과 기독교 콥트교도 아내가 낳은 아들 1명은 어려서 죽었다. 무함마드가 영생도 부활도 하지 않고 단지 유일신 알라의 곁으로 간 뒤, 이슬람 공동체 움마의 지도자로 아부 바크르가 뽑혔다. 무함마드의 동료이자, 무함마드가 사랑했던 아내 아이샤의 아버지이니 장인이다. 연대의 정신 아사비야로 건설된 이슬람 공동체 즉 단일국가 움마 지도자로

예루살렘 성 분묘 교회. 이슬람 제국 2대 칼리프 우마르가 예루살렘을 정복하고 성분묘 교회 앞에 기도소를 만들어 알라에 감사기도를 올렸다.

선출된 아부 바크르는 2년 뒤 634년 죽을 때까지 아라비아반도 각지의 탈이슬람 부족들을 제압한다.

그가 죽으면서 후계자로 지목한 2대 정통 칼리프 우마르 시기부터 대외 정복의 문이 열린다. 먼저, 636년 시리아 중심지 다마스쿠스를 차지하고, 637년 대제국 사산조 페르시아 수도 크테시폰을 정복한다. 이어, 이란, 아제르바이잔, 아르메니아, 박트리아, 아프가니스탄의 사산조 페르시아 영역을 차례로 손에 넣는다. 638년 기독교 성지 예루살렘에 이슬람 깃발을 꽂는다. 643년 비잔틴 제국 최대 곡창, 부의 상징 알렉산드리아에 알라의 가르침을 전한다.

644년 페르시아 출신 노예에게 암살당할 때까지 우마르는 10년간 이집트의 북아프리카에서 중동 지역 대부분을 정복해 1천여 년 전 알렉산더의 정복에 비견되는 성과를 일궜다. 무함마드가 꿈에 승천했다 내려온 도시 예루살렘은 이슬람교에도 성지다. 뜻깊은 정복 기념행사에 우마르는 말도 아닌 낙타를 탄 채 시종 단 1명만 데리고 간다. 화려한 옷과 연회도 물리친다. 남루한 옷에 간단한 음식만 먹은 일화는 유명하다. 검소 질박함이 제국 확대의 원동력이었다. 우마르가 암살된 뒤, 무함마드의 사위 오스만이 644년 3대 칼리프로 즉위해 647년 튀니지를 점령하고, 650년 사산조 페르시아 제국을 붕괴시킨다. 680년 모로코에 이어 711년 지브롤터 해협 건너 이베리아반도를 차지하며 유럽대륙에도 이슬람을 이식한다. 감미로운 기타 선율로 이름 높은 알람브라 궁전은 그 결과물이다. 이슬람에 귀의하면 민족과 인종을 가리지 않는 형제의 연대 아사비야, 군대 주둔지 '미스르' 건설로 정복지 약탈 최소화, 현지 관습과 지배 집단 인정, 철저한 실용정신은 성공의 비결이다. 이슬람으로 개종하지 않을 경우 탄압이나 학살 대신, 비이슬람교도 세금 지쟈(jizya)를 물려 포용과 경제적 이득이라는 두

알렉산드리아 무세이온. 그리스·로마 학문의 중심지 알렉산드리아 대도서관을 차지한 우마르는 이곳의 책을 메카로 옮겨 이슬람 학문의 기초를 닦았다.

네로는 어떻게 올림픽에서 우승했을까?

울르그벡 천문대 모형. 15세기 세계 최대 규모 천문대. 이슬람 과학의 우수성을 잘 말해준다. 사마르칸드 울르그벡 천문대 유적

아스트로라베(천문관측기구). 15세기. 카이로 이슬람 예술박물관

마리 토끼를 동시에 잡은 점도 이슬람 제국 성취의 중요 요인이다.

그리스·로마 학문의 중심지 알렉산드리아 정복 시 알렉산드리아 대도서관(무세이온)의 서적을 모두 메카로 옮겨 아랍어로 번역한다. 이교도의 서적이라고 파괴하지 않았다. 중세 아랍 학문과 과학 발전의 밑거름이었다. 중세 대학은 유럽이 아닌 아랍 이슬람권 마드라사(madrassa)가 먼저다. 대수학(algebra), 연금술(alchemy), 4차산업 인공지능 시대 핵심 용어 알고리즘(algorithm)은 모두 이슬람 학문에서 나왔다.

할둔은 가난을 도덕과 인간 가치의 파괴로 봤다. 가난은 죄악이었다. 할둔은 문명, 복지, 사업번창은 생산성과 노력에 달려 있는데. 이는 개인의 이윤 창출이 모든 방향에서 추구될 때 가능하다고 설파했다. 근세 애덤 스미스나 슘페터 등의 다양한 경제학 이론과 다르지 않다. 아랍 이슬람 상인이 신라와 고려 시대 국제항구 벽란도에 드나들던 이유가 설명된다. 혈연 중심에서 시작된 공동체 사회 연대 '아사비야', 실용적 자본주의 정신, 검소 질박 속에서 아랍과 이슬람을 이해하는 방법도 있을 것이다.

7. 예루살렘은 왜 종교 갈등의 화약고가 됐나? 세 종교 성지

이스라엘과 가자 팔레스타인 자치정부 집권 세력 하마스 사이 전쟁이 잦아들 기미를 보이지 않는다. 전쟁의 중심에 성지(聖地) 예루살렘이 자리한다. 유대교, 기독교, 이슬람교. 셈족의 3대 종교 구심점 예루살렘을 두고 얽힌 상황이 꼬여만 간다. 종교의 역할은 무엇일까? 갈등을 녹여 인간을 구하는 날을 그리며 성지 예루살렘의 역사로 들어가 본다.

신아시리아제국 사르곤 2세 이후 2,500여 년 동안의 디아스포라(Diaspora, 강제 이주)를 딛고 유대인이 다시 팔레스타인으로 돌아온 배경은 성지 예루살렘에 대한 귀소본능이다. 첫 유대 국가의 수도이자 다윗을 거쳐 그 아들 솔로몬이 대성전을 건축하며 야훼의 영광을 구현한 땅 예루살렘. 그곳에서 예수 그리스도가 선민의식의 유대교를 넘어 보편 종교의 깃발을 든다. 십자가를 지며 스러진 예수의 부활에서 기독교 복음이 피어난다. 600여 년 뒤, 아라비아반도에서 온 이슬람교도가 예루살렘에 터를 다진다. 이후 알라의 영광과 기도 시간을 알리는 무앗진(호출자)의 구성진 아잔이 예루살렘에 하루 5번 울려 퍼진다.

기독교 성지, 비아 돌로로사

90년대 말 여가수 김태영의 「혼자만의 사랑」이 전파를 탔다. 호소력 짙은 허스키 음색에 비장한 느낌의 선율은 사랑 잃은 이들의 마음을 어루만졌다. 이 노래는 번안곡이다. 원곡은 샌디 패티가 부른 「비아 돌로로사(Via Dolorosa)」. 라틴어 비아(Via)는 '길', 돌로로사(Dolorosa)는 '슬픔'이다. 슬픔의 길, 흔히 '고통의 길'로 불린다. 예수 그리스도가 십자가를 지고 고통 속에 걸었던 길을 가리킨다. 사랑으로 인간을 구원하는 십자가의 길이 실연의 상처를 보듬는 연시(戀詩)로 번안됐으니…. 아무튼 김태영의 번안곡은 큰 인기를 모았다.

비아 돌로로사를 찾아 예루살렘으로 가 보자. 성벽으로 둘러싸인 예루

사자의 문. 예루살렘 구시가지를 둘러싼 성벽에서 동쪽 문 즉 동대문에 해당한다. 이문을 지나 이슬람 지구에 비아 돌로로사가 펼쳐진다.

비아 돌로로사 장소1에 해당하는 십자가 수형 교회. 채찍질 교회. 프란체스코 수도회 소속 종교 단지다. 이곳에 3개의 교회가 자리한다.

예수 그리스도 십자가 수형 장면. 장소2에 해당한다.

살렘 구시가지 동서남북 사방에 4개의 큰 대문이 탐방객을 맞아준다. 그 중 동쪽 문을 사자의 문(Lion's Gate)이라고 부른다. 감람산(올리브 동산) 겟세마니 방향이다. 사자의 문 안쪽은 이슬람 지구다. 예루살렘 구시가지는 유대, 기독교, 이슬람, 아르메니아의 4개 지구로 나뉘어 나름 평화롭다.

사자의 문을 지나면 이슬람 지구를 관통하는 일직선 도로가 펼쳐진다. 이를 따라 걸으면 이슬람 계열 알 오마리예(Al Omariyeh) 초등학교가 나온다. 안토니아 요새로 불렸던 이곳이 로마의 유대 책임자 폰티우스 필라투

비아 돌로로사 장소3. 예수 그리스도가 십자가를 지고 처음 넘어진다.

비아 돌로로사 장소4에 해당하는 아르메니아 정교 교회 입구. 예수 그리스도와 마리아 만난 장소다.

네로는 어떻게 올림픽에서 우승했을까?

예수 그리스도와 마리아의 만남

비아 돌로로사 장소5. 북아프리카 키레네 출신 시몬이
예수를 돕는다.

스(Pontius Pilatus, 본디오 빌라도, 재임 26~36)의 근무지다. 여기에서 예수 그리스도가 사형판결을 받았다는 전승이다. 이곳보다는 헤롯 대왕 궁전에서 재판이 벌어졌을 가능성이 더 크다는 설도 있지만, 기독교계에서는 이곳으로 여긴다. 여기서부터 예수 그리스도 무덤이라는 성분묘(Holy Sepulchre) 교회까지 길이 '비아 돌로로사'다.

비아 돌로로사는 모두 14개 장소로 구성된다. 예수 그리스도가 사형을 판결받은 폰티우스 필라투스의 근무지가 1장소다. 예수 그리스도가 처형되고 묻혔다는 성분묘 교회를 14장소로 본다. 탐방객들은 1부터 14장소까지 한곳 한곳 살피며 예수 그리스도의 고난과 그 의미를 곱새긴다. 지금은 초등학교가 된 사형판결 장소를 둘러싸고 19세

비아 돌로로사 장소 14에 해당하는 성분묘 교회. 내부에 예수 그리스도가 처형된 골고다 언덕, 예수 그리스도 시신을 염한 바위, 무덤이 자리한다.

기 로마 가톨릭 프란체스코 수도회가 3개의 교회를 세웠다. 선고와 십자가수형(Condemnation and Imposition of the Cross) 교회, 채찍질(Flagellation) 교회, 에케 호모(Ecce Homo) 교회다.

예수 그리스도가 처음 넘어지고, 성모 마리아를 만나고, 키레네 출신 시모네의 도움을 받고, 다시 넘어지는 곡절 끝에 골고다 언덕에 오른다. 여기서 처형돼 묻히기까지 모든 사건이 일어났던 비아 돌로로사 14장소는 기독교의 상징과도 같다.

유대교 성지, 통곡의 벽과 성전산

비아 돌로로사 바로 아래쪽에 붙은 곳이 유대인의 정신적 구심점인 통곡의 벽(Wailing Wall), 일명 서측 벽(Western Wall)이다. 솔로몬이 세운 야훼 대성전의 서쪽 방향 벽으로 추정된다. 검은 옷에 검은 모자를 쓴 유대인들의 열광적인 기도는 충분히 이국적이다. 유대인들이 성전 파괴를 슬퍼

통곡의 벽과 그 위 성전산(알아크사), 그리고 바위 돔

하며 눈물을 흘렸다는 데서 나온 이름이다. 예수 그리스도의 처형을 슬퍼하며 눈물을 흘려 생겼다는 설도 전한다. 예수 그리스도 역시 유대인이고, 기독교 역시 유대 역사서 구약성경을 믿는다. 따라서 통곡의 벽은 유대교와 기독교의 공통 기반인 셈이다.

통곡의 벽 뒤로 솔로몬 성전(Temple)의 본건물이 자리했던 성전산(Temple Mount)이 솟아있다. 야트막한 언덕 느낌이다. 유대인이 자기 민족을 선택해 준 야훼 하느님에게 최초로 바친 성전이니 유대인에게는 최고로 경건한 성역일 수밖에 없다. 이곳 성전산은 아브라함이 나이 100살에 아내 사라에게서 얻은 금쪽같은 아들 이삭을 야훼에게 바치려던 장소다. 야훼에게 자식을 바치며 굳건한 신앙심을 보이려 했으니, 성전산은 유대인의 신앙심 그 자체로 볼 수도 있다.

이슬람 성지, (바위)황금 돔

통곡의 벽 바로 위 성전산에 금빛으로 반짝이는 돔 건축물이 시선을 모은다. 흔히 황금 돔이라고 부르는 바위 돔(Dome of the Rock)이다. 이슬람 초기 우마이야 왕조의 칼리프 압둘 말리크(Abd al-Malik, 646 또는 647~705)가 692년 완공한 모스크다. 지구촌 이슬람 지역에 남은 가장 오래된 이슬람 건축물이다. 오

바위 돔. 지구촌에서 가장 오래된 이슬람 건축물이다. 황금 장식은 20세기 공사 결과다.

바위 돔이 있는 자리에 건축됐을 것으로 추정되는 솔로몬 성전 본건물 모형. 예루살렘 이스라엘 박물관

스만 튀르키에 지배 시절 팔각형 외형을 갖췄다. 황금색 휘황찬란한 치장은 1959~1961년 사이 공사, 이어 1993년 보수한 결과다. 황금 돔의 역사는 고작 60년 좀 넘는다. 그러니, 황금 돔보다는 바위 돔이 더 적확하다. 성전산에 이슬람 모스크 바위 돔이 자리하니, 이슬람교와 유대교, 나아가 기독교가 동시에 성지로 신봉하는 이유가 분명해진다.

이슬람 측은 성전산 자체, 혹은 성전산에 만든 종교시설 단지를 알아크사(Al-Aqsa)라고 부른다. 바위 돔은 알아크사의 핵심이다. 2000년 예루살렘을 찾았을 때 자유롭게 알아크사 지구를 출입하며 바위 돔을 볼 수 있었다. 하지만, 2019년 예루살렘을 다시 찾았을 때는 통곡의 벽에서 통제돼 알아크사 지구로 올라갈 수 없었다. 먼발치에서 바라봐야 할 뿐…. 이스라엘 정세가 갈수록 불안정해지는 현실을 보여주는 상징적인 조치여서 마음이 무거워질 수밖에 없다.

지금은 들어가 볼 수 없지만, 왜 바위 돔이라는 이름이 붙었는지 궁금해진다. 바위 돔 모스크 내부에 바위언덕(Foundation Stone, 혹은 Noble Rock)이 있기 때문이다. 유대교 전승에 따르면 야훼가 이 바위 언덕에서 천지를 창조하고 아담을 빚었다. 인류가 출발한 장소인 셈이니 유대인에게 갖는 바위 돔의 의미가 잘 읽힌다. 앞서 살펴 봤듯이 아브라함이 자식을 신에게 바치려 한 장소인데, 이슬람교도 역시 아브라함(아랍어로 이브라힘)의 자손(아브라함이 이집트 여인 하갈에게서 얻은 이스마일의 후손)이라고 여기므로 중요한 성지다.

하지만 이슬람교도에게는 그보다 더 중요한 의미가 깃들었다. 예언자 무함마드가 621년 어느 날 밤 메카에서 날개 달린 신비의 말을 타고 홀연히 이 바위로 온다. 이어 하늘로 올라가 알라를 영접했다고 믿는다. 이 신

성전산의 알 아크사 모스크

비의 여행을 무하마드의 언행 가르침 하디스에서 이스라(Isrā)라고 부른다. 무함마드는 이스라 이듬해 622년 메카에서 메디나라 성스러운 도망 '헤지라'를 감행한다. 이슬람교의 막은 이렇게 오른다. 이슬람교 출범의 영적인 기초 '이스라'의 장소가 바위 돔이다. 이슬람교도들이 예루살렘을 신성시하고 '지하드(聖戰, 성전)'을 맹세하면서 희생을 감내하는 이유다. 2023년 10월 하마스의 이스라엘 공격 명분도 알아크사 수호다.

바위 돔 남쪽에 알아크사 모스크가 자리한다. 이곳에서 금요일 정오 예배가 진행된다. 바위 돔이 상징이라면 알아크사 모스크는 기도 장소다. 638년 예루살렘을 정복한 이슬람 2대 정통 칼리프 우마르 혹은 우마이야 왕조 초대 칼리프 무아위야 1세(Mu'awiya I, 재위 661~680)가 건축한 작은 기도 장소였다고 한다. 이후 압둘 말리크가 바위 돔을 건축하면서 확장한 것으로 알려져 있다. 현재 외관을 갖춘 것은 11세기다. 물론 건축 당시 명문(銘文)이 남아 직접 증거로 확인되는 가장 오래된 이슬람 건축물은 바위 돔이다. 유대교, 기독교, 이슬람교 모두 구약을 신봉하니 예루살렘 성전산(알 아크사) 바위 돔에서 평화의 합의점을 찾을 수는 없을까….

8. 아르키메데스가 컴퓨터를 발명한 것일까? 안티키테라

「인디애나 존스」 시리즈 5편 「운명의 다이얼」이 2023년 개봉됐다. 영화의 핵심 모티프는 시간을 되돌리는 컴퓨터 다이얼 '안티키테라'다. 그리고 이를 만들었다는 인물 이야기다. 그 인물은 "에우레카(알아냈다)!"의 고대 그리스 과학자 아르키메데스다. 영화는 픽션이지만, 논픽션인 '안티키테라'와 아르키메데스의 역사로 들어가 본다.

스티븐 스필버그와 해리슨 포드의 합작품

공상과학 영화 「죠스」, 「쥬라기 공원」의 스티븐 스필버그 감독이 해리슨 포드를 발탁해 「스타워즈」에 이어 1982년 내놓은 작품이 「인디애나 존스: 레이더스」다. 야훼가 이스라엘 백성에게 준 '언약궤(십계)' 이야기다. 1985년 중국과 티티베트를 배경으로 2편, 1989년 예수 그리스도가 열두 제자와 최후의 만찬 때 사용했다는 포도주잔(성배) 탐사를 그린 3편에 이어 2008년 남미 페루를 배경으로 4편이 인기를 모았다.

그리고, 15년 지난 2023년 여름에 5편이 나왔다. 2가지가 달라졌다. 감

독이 바뀌었고, 무엇보다 주연 헤리슨 포드의 나이가 81살 고령이다. 고난
도의 액션이 요구되는 모험영화 주인공을 맡을 수 있을까? 인공지능 도움
을 받은 컴퓨터 그래픽이 우려를 감쪽같이 걷어냈다. 이제 세상을 떠난 배
우의 재등장도 개봉박두로 보인다.

'안티키테라' 유물 연구

현대 지구촌 문명의 남상(濫觴)으로 불리는 그리스 수도 아테네로 가
보자. B.C.490년 페르시아 전쟁 승리 소식을 전한 병사 페이디피데스
가 쓰러진 판아테나이아 도로, 소크라테스가 제자들을 만나던 김나지온
(Gymnasion), 플라톤이 만든 서양 문명권 최초의 교육기관 아카데메이아
터가 오롯하다. 2천 500여 년 세월을 무색하게 만드는 고대 그리스 문명의

안티키테라 유물 전시실. 아테네 고고학 박물관

네로는 어떻게 올림픽에서 우승했을까?

안티키테라 기어 장치. B.C.3~B.C.1세기. 아테네 고고학 박물관

안티키테라 사용 설명서. 그리스 문자로 빼곡하게 적혀 있다. B.C.3~B.C.1세기. 아테네 고고학 박물관

생생한 유물들이 아테네 고고학 박물관에 즐비하다. 그중 청동유물 하나가 탐방객의 눈을 의심하게 한다. 둥근 청동판에 세밀한 눈금, 톱니바퀴로 맞물려 돌아가는 형태의 유물 이름은 '안티키테라(Antikythera)'.

안내 설명에는 인류 역사 최초의 아날로그형 컴퓨터라는 설명이 붙었다. 파르테논 신전이 자리한 아크로폴리스와 프닉스 언덕 사이에 그리스 고대 과학기술을 다루는 헤라클레이돈 박물관이 자리한다. 이곳에도 진품은 아니지만, 복원품을 통해 안티키테라 기계장치의 작동 원리를 자세히 설명하고 있다. 안티키테라는 무슨 뜻일까? 실은 그리스 에게해의 섬 이름이다.

그리스와 에게해 지도를 펼쳐보자. B.C.776년 고대 1회 올림픽이 열린 올림피아, 영화 「300」에 등장한 식스팩 최강 전사들의 나라 스파르타가 자리한 곳이 펠로폰네소스 반도다. 펠로폰네소스 반도 아래 에게해에 인구 100여 명(2011년 조사)인 작은 섬, 안티키테라가 보인다.

1900년 4월 한 그리스 어선이 조업 중 폭풍우를 피해 이 섬에 일시 정박

안티키테라 복원품. 아테네 고고학 박물관

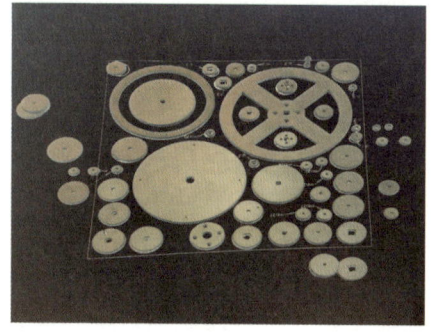

안티키테라 복원 부품. 아테네 헤라클레이돈 박물관

했다. 바람이 잠잠해지기를 기다리다 배에 탔던 잠수부 스타디아티스가 수산물 채취를 위해 바닷물 속으로 들어갔다. 해저 45m 지점에서 뜻밖에 난파선을 발견했다. 신고를 받은 그리스 정부가 본격 발굴에 나서 1900년부터 이듬해 1901년 사이 수많은 유물을 건져 올렸다. 청동과 대리석 조각, 유리, 보석류, 동전…. 여기에 가로 34㎝, 세로 18㎝, 두께 9㎝ 나무 상자가 나왔고, 그 속에 톱니바퀴 달린 기계장치가 들어 있었다.

유물이 발견된 다음 해 1902년 5월 아테네 고고학 박물관의 고고학자이자 박물관장이던 스타이스 박사는 이 유물이 기어 장치라는 것을 밝혀냈다. 4개의 기어 가운데 가장 큰 것은 지름 13㎝였다. 기어에는 모두 223개의 톱니가 달려 있었다. 표면에는 그리스 문자가 빼곡히 적혀 있는데, 기계 사용법으로 밝혀졌다.

스타이스 박사는 천문시계라고 판단했다. 하지만, 단순 천문시계라고 보기에는 너무 정교하다는 의견이 나왔다. 영국 과학사가이자 예일대학교 프라이스 교수가 1951년부터 안티키테라 연구에 들어가 들어간 것을 비롯해 지금까지도 많은 연구와 현장 추가 수색이 이뤄지고 있다.

지금까지 밝혀진 용도는 해와 달의 움직임을 관측하고, 일식과 월식을

네로는 어떻게 올림픽에서 우승했을까?

예측하며 4년에 한 번 열리는 그리스 민족 최대 축제, 올림픽 개최 연도를 알려주는 다용도 아날로그 컴퓨터다. 이 정도 관측 능력을 갖춘 장치가 유럽에 다시 등장한 것은 14세기 이후다. 학자들이 밝혀낸 로마 선박의 침몰 연대는 B.C.70~B.C.60년 사이다. 안티키

로도스 과학자 히파르코스. 아테네 헤라클레이돈 박물관

테라 장치의 제작연대는 B.C.205-B.C.87년이다. 가장 최신 연구 결과는 2022년 4월 미국 출판 편집자 웰레트가 'Ars Technica' 웹사이트에 발표한 B.C.178년 12월 23일 제작설이다. 이제 '언제'를 떠나서 누가 어디에서 만들었는지 살펴보자.

먼저, 에게해 로도스섬에서 히파르코스(B.C.190?~B.C.120?) 제작 가설이다. 달이 지구 원지점보다 근지점에서 공전 속도가 더 빨라지는 불규칙 궤도를 전제로 안티키테라 장치가 제작됐는데, 이 학설을 주장한 인물이 로도스의 히파르코스다. 침몰 선박에서 로도스풍 도자기가 발굴된 점도 설득력을 더한다.

둘째 가설이 인디애나 존스 영화에서 채택한 이탈리아 시칠리아섬 시라쿠사의 아르키메데스 제작설이다. 결론부터 얘기하면 아르키메데스가 만들었을 가능성은 없다. 부력의 원리를 발견한 "에우레카(EUREKA, 알아냈다)!" 발언의 주인공 아르키메데스는 B.C.287년경 태어나 B.C.212년경 죽었다. 카르타고 한니발이 일으킨 2차 포에니 전쟁에서 그리스 국가인 시라쿠사는 카르타고를 지원했다. 이에 로마는 시라쿠사를 보복 공격했으며 이 와중에 아르키메데스가 B.C.212년경 70세가량 고령으로 로마 병사에게 살

해됐다. 안티키테라 장치의 가장 오래된 제작 가설이 B.C 205년이니까 아르키메데스가 죽은 뒤다. 아르키메데스의 제자들이 만들었을 가능성까지 배제할 수는 없다.

아르키메데스의 도시이자 영화의 무대 시라쿠사

인디애나 존스 영화의 무대 시라쿠사로 가 보자. 8월의 시라쿠사는 35

도를 오르내리며 구름 한 점 없이 푸른 하늘에 붉은 태양이 이글거린다. B.C.3세기 말 로마에 병합될 때까지 시라쿠사는 B.C.7세기 그리스 본토 코린토스 사람들이 개척한 식민도시로 발전했다. 한때 아테네에 버금갈 만큼 학문과 상업이 발달한 그리스 국가였다. 지금은 당시 만든 고대 그리스 극장 유적이 남아 시라쿠사의 전설을 토해낸다. 시라쿠사는 무엇보다 플라톤이 B.C.370년 전후해 이상적인 철인(哲人)

아르키메데스 동상. 이탈리아 시라쿠사

고대 그리스 극장. 이탈리아 시라쿠사

국가를 만들기 위해 노력했던 나라이기도 하다.

고대 그리스 극장 바로 옆에 영화에서 인디애나 존스가 운명의 다이얼을 찾기 위해 들어간 거대한 석회동굴 '디오니소스의 귀'가 자리한다. 과거 저수장이자 아테네와 시라쿠사가 전쟁하던 시기 B.C. 413년 아테네 포로들을 가두던 감옥이었다. 동굴은 깊이 50여m에 불과하지만, 영화에서는 계곡물이 흐르는 깊은 동굴로 그렸다. 작은 폭포와 물줄기는 '디오니소스의 귀' 동굴 위 바깥에 자리한다. 영화에서 극적으로 각색한 것이다.

디오니소스의 귀. 영화 인디애나 존스에서 운명의 다이얼을 찾으러 들어가는 동굴의 모델. 이탈리아 시라쿠사

그리스 극장 위 폭포. 영화에서는 디오니소스의 귀로 들어가면 물줄기가 나오지만, 디오니소스의 귀는 내부가 막힌 동굴이다. 영화에 등장하는 동굴 내부 물줄기는 실제 디오니소스의 귀 동굴 밖 그리스 극장 위쪽에 자리한다. 이탈리아 시라쿠사

또한 영화에서는 동굴 내부 물줄기를 거슬러 깊숙한 곳에 아르키메데스의 무덤이 나오는 것으로 설정됐다. 실제 아르키메데스의 무덤은 '디오니소스의 귀'에서 동쪽으로 200여m 지점 야외에 있다. 그러니까, 영화는 실존 인물과 실재 유적, 자연 지형을 적절하게 각색한 픽션이다. 영화에서 인디애나 존스 일행이 탄 비행기가 시간을 거슬러 올라가 불시착한 시라

아르키메데스 무덤. 영화에서 동굴 속 급류를 지나 나오는 것으로 설정된 아르키메데스 무덤은 실제 디오니소스의 귀 위 오른쪽 200여 m 지점에 자리한다. 이탈리아 시라쿠사

아르키메데스가 제작한 스크루 복원품. 아르키메데스 레오나르도 다빈치 박물관. 이탈리아 시라쿠사

쿠사 항구 근처 바닷가. 영화에서 2천2백여 년 전 침략군 로마 병사들로 붐볐지만, 지금은 여름 바다를 즐기는 각국 피서객들로 북적인다. 이를 바라보고 선 아르키메데스 동상에 고대의 학문과 역사, 현대의 문화가 한데 어우러진다. 마치 영화 속 시간을 조절하는 운명의 다이얼처럼….

시라쿠사 앞바다. 영화에서 인디애나 존스 일행이 탄 비행기가 시간을 거슬러 불시착한 곳으로 로마 군사들이 공격하던 장소.

3장

정치 사법

1. 로마 공화정의 진정한 법치 정신은? 공화정 설립자 브루투스

왕정이 아닌 공화국, 그 공화국 안에서 주권을 국민에게 보장하는 민주주의는 진영을 가리지 않고 법을 적용할 때 건강하게 유지된다. 로마 공화정 초기 역사로 돌아가 진정한 법치주의 정신이 무엇인지 살펴본다.

아이네이아스와 로물루스로 보는 로마 건국사

영국 수도 런던의 패딩턴 역에서 기차를 타고 남서부로 1시간 40분여 달리면 톤턴(Taunton)이 나온다. 인구 6만 6,000여 명의 아담한 도시가 관심받는 이유는 시가지를 가로지르는 톤 강변의 서머싯 박물관 소장 유물 덕분이다. 로마 유적지에서 발굴된 350년경 모자이크는 완전 무장 차림의 건장한 로마 군인과 알몸의 여인이 포옹하는 에로틱한 장면을 담았다.

남자는 로마 제국의 시조로 숭배되는 아이네이아스. 미의 여신 비너스(아프로디테)의 아들로 트로이 왕국 프리아모스 왕의 사위, 우리말로 부마도위다. 어머니의 도움으로 트로이에서 탈출해 지중해를 떠돌다 카르타고에 도착해 여왕 디도와 깊은 사랑에 빠진다. 모자이크에 표현된 육감적 몸

로마의 시조 아이네이아스와 카르타고 여왕 디도의 사랑. 로마 모자이크. 350년경 제작. 영국 톤턴 서머싯 박물관

루파. 로마를 건국한 로물루스와 동생 레무스 쌍둥이 형제가 늑대의 젖을 먹고 자라는 모습. 4세기 로마 모자이크. 영국 리즈 박물관

매의 알몸 여인이 카르타고 여왕 디도다. 아이네이아스는 뜨거웠던 사랑을 뒤로 하고 카르타고를 떠나 이탈리아반도로 간다. 라티움 땅에 정착해 로마인의 시조가 된다는 게 B.C.1세기 로마 제국 서사시인 베르길리우스가 적은 로마 민족 서사시 『아이네이스』의 줄거리다.

이번에는 런던 북부 킹스 크로스 역에서 기차를 타고 잉글랜드 북쪽 지방으로 2시간 30분여 달린다. 영국 북부 리즈(Leeds)에 다다른다. 인구 53만 명의 대도시 리즈 박물관에 역시 4세기 희귀한 로마 모자이크 유물이 탐방객을 맞아준다. 「루파(Lupa. 늑대)」 혹은 「루파 로마나(Lupa Romana, 로마

루파. 플랑드르 바로크 미술 대가 루벤스 그림. 1620년. 로마 카피톨리니 박물관

양치기 파우스툴루스가 로물루스를 데려다 기른다. 피에트로 다 코르토나. 1645년. 루브르 박물관

테베레강과 산탄젤로. 로물루스 형제가 떠내려온 강. 로마

의 늑대)」. 사연은 이렇다.

아이네이아스의 후손 가운데 레아 실비아라는 아름다운 여인이 있었
다. 베스타 신전 여신
관인데, 그녀의 미모

사비니 여인 강탈. 플랑드르 바로크 미술 대가 루벤스 그림. 1640
년. 런던 내셔널 갤러리

를 탐한 전쟁의 신 마
르스(아레스)가 잠자는
그녀를 범하고…, 실
비아는 쌍둥이 로물루
스와 레무스 형제를
낳는다. 처녀성을 간
직해야 하는 여신관이
아기를 낳았으니…

기를 수가 없어 테베레강 강물에 띄워 보낸다. 강기슭에 닿은 아기들을 늑대가 데려다 젖을 먹여 키웠다.

이탈리아 수도 로마로 가면 카피톨리니 언덕에 카피톨리니 박물관이 자리한다. 이곳에 플랑드르 바로크 미술의 거장 루

사비니 여인. 헤르실라가 남편 로물루스와 아버지 타티우스의 싸움을 말리며 중재하는 장면. 프랑스 고전주의 화가 다비드 그림. 1799년. 루브르 박물관

벤스가 1620년 그린 「루파(Lupa. 늑대)」가 찬란히 빛난다. 바로크 미술 특유의 강한 명암 대비 키아로스쿠로(Chiaroscuro) 기법으로 밝게 묘사된 쌍둥이 형제의 입체감이 잘 드러난다. 부드럽게 빛나는 루벤스의 붓 터치로 되살아난 로물루스. 양치기가 데려다 길러준다. 18살 성인이 된 로물루스가 B.C.753년 로마를 건국한다.

로마 초기의 통합 과정과 왕정제의 끝

런던 트래펄가 광장으로 가 보자. 드넓은 광장 북쪽 면에 웅장한 돔을 갖춘 네오 클래식 양식의 내셔널 갤러리에 세계적인 명화들이 미술 애호가들의 넋을 빼앗는다. 그중 역시 루벤스가 1640년 그린 「사비니 여인 납치」가 여인들을 빼앗는 날강도 같은 로마 남정네들을 묘사한다. 납치당하는 여인들을 밝게 묘사하는 키아로스쿠로 기법이 돋보인다. 무슨 사연인가. 로물루스가 로마를 세울 당시 부랑아 남자들만 모였을 뿐 여인이 없었다. 그래서 근처 사비니 부족을 축제에 초대한 뒤, 여인들만 가로채고 성

문을 잠가 버렸다. 로마인과 사비니 부족 사이에 전쟁이 터졌다. 결말은?

파리 루브르 박물관으로 가면 프랑스 고전주의 미술의 대가 다비드 (Jacques-Louis David, 1748~1825)가 1799년 그린 「사비니 여인들」에 상징적으로 전쟁 결과가 묘사된다. 그림 가운데 양팔을 벌려 두 남자의 싸움을 뜯어말리는 여인은 헤르실라. 강제로 로물루스의 아내가 된 사비니 여인이다. 그림 오른쪽 건장한 젊은 누드 남성은 로물루스. 왼쪽은 사비니족의 왕이자 헤르실라의 아버지인 타티우스다. 엎질러진 물. 남편이 된 로물루스와 아버지의 싸움을 뜯어말리고, 두 민족이 힘을 합쳐 로마를 성장시킨다. 그림 속 아이들은 사비니 여인들이 낳은 아이들로 두 민족의 통합을 상징한다.

다시 파리 루브르 박물관으로 가자. 이탈리아 출신의 18세기 말 로코코 미술 대가 안드레아 카살리 (Andrea Casali, 1705~1784)가 1761년 그린 「눈물 흘리는 루크레티아」가 탐방객의 가슴을 적신다. 로마 왕정은 독특하다. 세습이 아니라 왕이 죽으면 새로 선출하는 방식이었다.

눈물 흘리는 루크레티아. 초기 로마 왕정 시대 로마 마지막 7대 왕 타르퀴니우스의 아들에게 겁탈당한 뒤 자결한다. 이를 계기로 왕정이 공화정으로 전환된다. 로코코 미술가 안드레아 카살리 그림. 1761년 작. 루브르 박물관

초대왕 로물루스 이후 로마의 7번째 왕인 타르퀴니우스 수페르부스 시절 그의 아들 섹스투스 타르퀴니우스가 로마 귀족 여성 루크레티아를 겁탈한다. 그녀는 사실을 남편과 친정아버지에게 알리고 수치심에 자결한다. 로마인의 고결한 도

네로는 어떻게 올림픽에서 우승했을까?

덕성을 상징하는 이 사건은 르네상스 이후 여러 화가들의 작품 모티프였다. 타르퀴니우스 왕은 에트루리아 민족 출신이었다. 로마인들은 B.C.509년 타르퀴니우스왕 일가를 내모는 민중 봉기를 일으킨다. 봉기 결과는?

로마 법치주의 수호와 공화정 수립에 이바지한 브루투스

다시 로마의 카피톨리니 박물관으로 가 보자. 로마 민중 봉기의 주역 루키우스 유니우스 브루투스(Lucius Junius Brutus) 조각이 근엄한 자태로 탐방객을 맞아준다. 브루투스 얼굴 조각은 B.C.4~B.C.1세기 로마 공화정 시절 유물이지만, 가슴 부분은 16세기 제작됐다. 1564년, 추기경 로돌포 피오 다 카르피가 기증한 진귀한 유물이다. 봉기를 성공시킨 브루투스는 왕이 되라는 요구를 물리치고, 로마를 왕정에서 공화정으로 전환한다. 그리스 아테네에 이어 인류 역사 두 번째 공화국인 로마 공화정의 출발이다. 브루투스는 왕 대신 대통령 격인 집정관(Consul) 직을 맡았고, 이것도 독재 방지를 위해 2인 집정관 체제를 만들었다.

이제 루브르 박물관으로 다시 발걸음을 옮겨 다비드가 1789년 그린 「브루투스와 병사들」 작품에 시선을 고정하자. 어렵게 만든 공화정과 엄중한 법치주의를 확립하기 위해 브루투스가 어떤 일을 했는지 말해주기 때문이다. 사연을 알아보기 위해 로마 트라야누

루키우스 유니우스 브루투스. 로마 공화정 건설 아버지. 얼굴은 B.C.4-B.C.1세기. 가슴 부분은 16세기. 로마 카피톨리니 박물관

브루투스와 병사들. 브루투스가 공화정 법치주의를 지키기 위해 죄를 저지른 자신의 두 아들을 처형한 사건을 묘사한다. 프랑스 고전주의 화가 다비드 그림. 1789년. 루브르 박물관

고뇌하는 브루투스. 아들의 시신이 들어오자, 사형판결을 내렸던 아버지로서 고뇌가 묻어난다. 다비드. 1789년. 루브르 박물관

스 황제 시절 활약한 그리스 출신 로마 역사가 겸 도덕 철학가 플루타르코스의 『영웅전』을 펼쳐보자. 90~120년 경 쓰인 책이다. 브루투스 중심의 로마인 봉기로 쫓겨난 타르퀴니우스 왕가는 왕정 복귀를 시도한다. 이때 브루투스의 두 아들이 타르퀴니우스 왕의 복귀 모략에 가담한 사실이 밝혀졌다. 반역자를 처벌하는 공화정 법치주의인가? 아들의 생명인가? 브루투스의 선택은?

브루투스는 공화정의 법과 정의를 지키기 위해 두 아들을 사형시킨다. 처형당한 아들들을 병사들이 데리고 들어오고, 브루투스는 아버지로서 고통스럽게 이를 바라본다. 아내와 딸들은 오열한다. 다비드는 이 장면을 화폭에 담았다. 고통스러운 표정으로 앉은 브루투스의 의연한 모습에 이후 B.C.27년까지 500년 가까이 이어진 로마 공화정의 법치 정신이 잘 묻어난다.

네로는 어떻게 올림픽에서 우승했을까?

2. 카이사르는 왜 클레오파트라 곁에서 암살됐는가? 로마 공화정

2025년 대선 과정에서 차기 대통령 임기를 3년으로 단축하는 방안이 나왔다. 5년 임기를 2년 줄여 국회의원과 대통령 선거 일정을 맞추자는 취지다. 대통령 임기 3년, 짧은 것일까? 고대 로마 공화정의 공직자 임기를 타산지석으로 들춰본다.

런던과 로마에서 만나는 카이사르

19세기 해가 지지 않는 나라를 구가했던 영국의 수도 런던 템스강 북쪽의 역사 명소 화이트 타워(White Tower)로 가 보자. 1066년 프랑스 북부 노르망디 공작 윌리엄(프랑스 이름 기욤, 바이킹 출신으로 현대 영국 왕실의 조상)이 영국을 정복하고 세운 요새다. 런던 지하철 타워 힐(Tower Hill) 역에 내려 화이트 타워 방향으로 나오면 로마 성벽이 우뚝 솟았다. 그 성벽 앞에 카이사르 동상이 반겨준다. 런던에 웬 카이사르 동상?

갈리아(현재 프랑스) 총독이던 카이사르가 라틴어로 직접 쓴 『갈리아 전기(Commentarii de Bello Gallico)』를 펼쳐보자. 카이사르는 B.C. 55년, B.C. 54년

카이사르 동상. 런던 화이트 타워 뒤편 지하철 타워 힐 역 앞 로마 성벽에 설치돼 있다. 카이사르는 B.C.55년과 B.C.54년 두 차례 영국을 침공했다.

카이사르의 승리. 르네상스 화가 안드레 만테냐가 1485~1506년 상 그린 9점의 연작 시리즈 가운데 나팔수 행진. 런던 햄프턴 코트 소장, 2024년 런던 내셔널 갤러리 전시

2번에 걸쳐 영국에 상륙했다. 카이사르가 그때 런던까지 진출한 것일까?『갈리아 전기』를 보면 런던 동남부 켄트 지방에만 머물다 돌아갔다. 영국을 식민 속주로 삼고 런던(Londinium)을 건설한 인물은 A.D.43년 로마 4대 클라우디우스 황제다. 로마 성벽 앞 카이사르는 영국 땅 첫 상륙을 상징할 뿐이다.

2024년 런던 트래펄가 광장의 내셔널 갤러리에서 특별 전시회가 열렸다. 철군한 카이사르의 승리를 묘사한「카이사르의 승리」다. 르네상스 회화 초기 선원근법의 대가 안드레 만테냐가 1485년부터 1506년 죽을 때까지 그린 9점의 연작 시리즈다. 달걀 템페라(egg tempera)와 접착제 혼합 기법으로 가로 2.66m,

네로는 어떻게 올림픽에서 우승했을까?

셉티무스 세베루스 황제 개선문과 쿠리아 율리아. 쿠리아 율리아는 B.C.44년 카이사르가 암살되기 직전 건축을 명령한 의회 건물. 현재 건물은 1930년대 무솔리니 정권 시절 복원한 것이다.

쿠리아 폼페이아. B.C. 44년 3월 15일 카이사르가 부르투스를 비롯한 원로원 의원들에게 암살당한 장소다. 원로원 회의가 열리던 당시 로마 포룸의 코미티움에 화재가 발생해 임시로 이곳 쿠리아 폼페이아에서 회의를 열었다. 카이사르가 이곳에서 암살된 사연이다.

카이사르 신전. 카이사르는 암살된 뒤, 신으로 선포됐다. 그의 후계자 옥타비아누스가 로마 포럼에 설치한 신전이다.

세로 2.78m 크기의 대형 패널 9개에 그렸다. 1번 '나팔수들'부터 9번 '카이사르의 개선'까지다. 헨리 8세의 연인에서 왕비, 이어 사형당한 앤 불린(Anne Boleyn, 엘리자베스 1세의 생모)이 거주하던 햄프턴 코트 궁전 소장 작품을 빌려와 특별 전시한 것이다.

카이사르 반지. 머리에 월계관을 쓴 모습은 그가 권력자임을 상징한다. B.C.44년~B.C.31년 런던 영국박물관

카이사르가 실제 개선 행진을 펼쳤던 로마 포럼(Foro Romano)으로 가 보자. 서쪽 끝 카피톨리니 언덕 아래 셉티무스 세베루스 황제(재위 193~211) 개선문(203년 건립)이 1,800년 넘게 오롯하다. 그 옆에 쿠리아 율리아(Curia Julia, 의회)가 자리한다. 카이사르가 B.C.44년 착공하고 B.C.29년 완공됐다. 지금 건물은 1930년대 무솔리니 정부가 로마

네로는 어떻게 올림픽에서 우승했을까?

제국의 영광을 재현하자는 취지로 복원한 거니 짝퉁이다. 여기서 동쪽 100여m 거리에 카이사르 신전이 자리한다. 카이사르가 B.C.44년 3월 암살된 뒤, 후계자 옥타비아누스가 B.C.42년 건축했다. 죽어서 신의 반열에 오른 카이사르의 신전 앞에서 암살 당시 정세를 떠올리니 클레오파트라가 걸려 나온다.

클레오파트라와 카이사르

클레오파트라는 정말 미인이었을까? 클레오파트라 7세는 이집트 여왕이지만, 순수 그리스(마케도니아) 혈통이다. 알렉산더의 부하 장군으로 이집트 총독으로 부임했다가 왕조를 세운 프톨레마이오스 1세의 8대손이다. 그녀를 묘사한 조각이나 동전을 박물관 5곳에서 확인했다. 그중 한곳, 북아메리카 5대호 가운데 온타리오호 연안의 그림 같은 도시 토론토로 가 보자. 온타리오 박물관 이집트 전시실에 클레오파트라의 조각이 맞아준다. B.C.60~B.C.30년 사이 만들어졌지만, 클레오파트라의 실물을 반영하지는 않았다고 박물관 측은 설명한다. 조각을 재활용하던 당시 관습 때문으로 풀이된다. 러시아 상트페테르부르크 예르미타시 미술

클레오파트라 흉상. B.C.60~B.C.30년 제작. 캐나다 **토론토 온타리오 박물관**

클레오파트라 청동 주화. B.C.51~B.C.31년 제작. 보스턴 하버드 대학교 미술관

클레오파트라 청동 주화. B.C.51~B.C.31년 제작. 런던 영국박물관

관을 탐방하며 확인한 클레오파트라 조각도 마찬가지다. 실물을 충실하게 반영한 주화(鑄貨)에서 실물을 유추해 보는 게 사실에 가깝다.

그렇다면 자타가 공인하는 명불허전의 명문이지만, 트럼프 대통령과 갈등 중인 미국 보스턴의 하버드 대학교 미술관으로 가 보자. 클레오파트라 동전에 얼굴이 또렷하게 남았다. 하지만, 미술관 측이 B.C.51~B.C.31년 사이 제작됐다고 설명하는 청동 주화는 너무 작아 클레오파트라의 미모를 논하기 어렵다. 대영박물관에 전시 중인 주화 역시 마찬가지다. 클레오파트라의 미모는 여전히 베일 속에 남는다.

이제 마지막 희망, 독일 베를린으로 가보자. 베를린 박물관섬 알테스(구) 박물관으로 가면 로마전시실에 클레오파트라와 카이사르의 조각이 나란히 서서 탐방객을 맞아준다.

클레오파트라와 카이사르 얼굴 조각. 베를린 알테스 박물관

네로는 어떻게 올림픽에서 우승했을까?

52살의 중씰한 카이사르는 B.C.48년 이집트에 머물며 21살의 클레오파트라와 불같은 사랑을 나눴다. 박물관측은 그 당시를 연상시켜주는 레이아웃으로 두사람 조각을 배치했다. 클레오파트라 얼굴 조각이 앞에 카이사르 얼굴 조각은 뒤에서 2천년 넘은 세월을 무색하게 만든다. 전형적인 그리스 마케도니아 귀족 헤어스타일의 클레오파트라가 미인인지 아닌지

클레오파트라 얼굴 조각. 베를린 알테스 박물관

는 사진을 보고 독자여러분들이 판단해 보시기 바란다.

카이사르가 그녀의 외모는 물론 지성미에 반했다고 2세기 플루타르코스는 『영웅전(Vitae Parallelae, Parallel Lives)』에서 묘사한다. B.C.47년 아들 카이사리온을 출산한 클레오파트라는 B.C.44년 1월 아들을 데리고 로마로 갔다. 아들을 상속자로 인정하라는 클레오파트라의 요구에 카이사르의 답변은? 2세기 수에토니우스는 『로마 황제전(De Vita Caesarum, The Lives of the Caesars)』에서 카이사르가 침묵으로 일관했다고 적는다. 그렇게 2달여 클레오파트라와 친자 확인 실랑이를 벌이던 카이사르가 B.C.44년 3월 15일 암살된다.

카이사르는 왜 암살됐을까?

로마의 팔라조 마시모 박물관에 곱상한 외모의 꽃미남 스타일, 마르쿠스 유니우스 브루투스 (Marcus Junius Brutus) 조각을 찾아간다. 카이사르의 연인 세르빌리아의 아들로 카이사르의 갈리아 원정에 참여한 부하였다. 카이사르의 신임도 두터웠다. 플루타르코스는 브루투스가 카시아스를 비

마르쿠스 유니우스 브루투스. B.C.44년 3월 카이사르 암살의 주동자. 로마 팔라조 마시모 박물관

카이사르 암살 기념 주화. 주화에 있는 글씨 EID는 15일 MAR은 3월의 뜻한다. B.C.43~B.C.41년. 그리스 출토. 런던 영국 박물관

롯한 60명의 동료 의원과 카이사르를 공격했다고 『영웅전』에 기록한다. 다른 기록을 봐도 최소 30명의 의원이 무기를 들고 카이사르를 공격한 것으로 보인다.

"Et tu, Brute? Then fall, Caesar.(브루투스, 너마저도? 그렇다면 카이사르여, 쓰러지라(내가 쓰러져 죽겠다.)". 셰익스피어가 1599년경 발표한 희곡 『줄리어스 시저(Julius Caesar)』의 3막 1장에 나오는 카이사르의 대사다. 셰익스피어의 이 문구 때문에 브루투스는 배신자로 낙인찍혔다. 하지만, 정말 그럴까?

런던에 있는 영국 박물관으로 가 보자. 파리 루브르와 함께 지구촌 역사의 살아 있는 교과서의 하나인 영국 박물관 로마 전시실로 가면 특이한 주화 하나가 탐방객을 맞아준다. 보통 로마 시대 주화는 황제나 기념해야 할 인물의 얼굴이 새겨진다. 주화 앞면은 카이사르 암살 주동자이자 당시 그리스 총독 브루투스 얼굴이다. 뒷면에는 좌우로 칼이 2개 세워져 있고, 가운데 고깔형 모자가 놓였다. 칼은 카이사르를 암살한 원로원 의원들의 칼을 가리킨다. 모자는 로마 시대 해방 노예에게 씌워주던 대유적 상징이다. 즉 로마가 카이사르 독재에서 해방됐음을 상징한다.

그 밑의 라틴 문자를 보자. 'EID-MAR'. EID=EIDBUS=IDUS=중순=15

네로는 어떻게 올림픽에서 우승했을까?

일. MAR=MARTIUS=3월. 즉, 브루투스가 동료 의원들과 카이사르를 암살한 3월 15일을 기념한다. 이 주화는 그리스에서 출토됐다. B.C.43~B.C.42년 사이 제작된 것이다. B.C.44년 카이사르 암살 직후 브루투스는 그리스 총독으로 임명된다. 총독으로 부임한 브루투스가 그리스에서 자신의 카이사르 암살을 정당화하며 만든 주화로 보인다. 박물관 측은 주화에 구멍이 뚫려

루키우스 유니우스 브루투스. B.C.509년 로마에서 왕정을 몰아내고 공화정을 도입한 인물. 카이사르 암살범 브루투스의 조상이다. 로마 카피톨리니 박물관

있는 점으로 미뤄 공화정 지지자 가운데 한 명이 목걸이처럼 목에 걸었을 것으로 추정한다.

로마 시대 선거 벽보. 건물 벽에다 직접 글자를 써서 지지를 호소하는 방식이다. 폼페이

그런데 로마의 공화 정치에서 공직자 임기는 어땠을까? 로마 카피톨리니 박물관에 가면 카이사르 암살의 주역 브루투스의 조상, 루키우스 유니우스 브루투스(Lucius Junius Brutus)의 조각이 맞아준다. 그는 B.C.509년 로마를 왕국에서 공화국으로 바꾼 인물이다.

로마 공화정에서 대통령에 해당하는 집정관(Consul), 법무관(사법, Praetor), 건축관(Aedile, 혹은 감찰관), 재무관(Quaestor, 경제), 호민관(Tribunus Plebis, 평민 보호)의 모든 공직은 국민 직선제였다. 놀라운 점은 공직 임기가 단 1년이라는 점. 연임도 허용하지 않았다. 이유는? 독재 방지. 이런 민주 공화 시스템으로 로마는 B.C.1세기까지 에트루리아, 카르타고, 그리스는 물론, 북방의 갈리아 등을 제압하고 지중해 제국을 일궜다.

카이사르는 공화정을 깨고 왕정을 시도했다. 카이사르의 왕정 추진 과정을 보면 ①B.C.49년 쿠데타로 집정관, ②B.C.47년 5년 독재관, ③B.C.46년 10년 독재관에 이어 ④B.C.44년 1월 종신독재관, 즉 사실상 왕(황제) 자리에 올랐다. 이때 클레오파트라가 3살짜리 아들 카이사리온을 데리고 후계자 자리를 얻기 위해 로마로 온 것이다.

로마 공화정의 아버지 브루투스의 후예, 브루투스는 원로원 의원 60명과 공화정을 깨트린 카이사르를 암살했다. 사적 인연을 끊고, 공화국을 지키기 위해서다. 선출직 공직자가 임기 1년만 수행하면서도 대제국을 일군 로마, 독재자를 처단한 로마 역사에서 어떤 교훈을 얻어야 할까?

네로는 어떻게 올림픽에서 우승했을까?

3. 소크라테스는
왜 독배를 마셨는가?
진정한 법치

"악법도 법". 소크라테스는 과연 이 말을 했을까? 법치의 대명사, 소크라테스를 이해하면 대한민국이 걸어야 할 길이 보인다. 플라톤의 『소크라테스의 변론(Apologia Sokratous)』, 『파이돈(Phaidon)』, 『크리톤(Kriton)』 3권의 저서(천병희 번역, 도서출판 숲 출간)를 토대로 소크라테스의 법치론에 대해 살펴본다.

아테네에서 만나는 소크라테스

소크라테스의 숨결을 어디에서 느껴볼 수 있을까? 그리스 수도 아테네를 찾으면 다행스럽게도 소크라테스 이름을 가진 유적을 하나 만난다. 아테네의 최중심인 아크로폴리스 파르테논 신전 서쪽에 해발 147m의 야트막한 야산이 제법 널찍하게 펼쳐진다. 뮤즈의 언덕(Hills of Muses)이다. 뮤즈는 제우스의 딸 9명 자매다. 학문과 예술을 수호하는 여신이다.

B.C. 5세기 이후 그리스 문명의 학문, 문학, 예술을 상징하는 도시 아테네 한복판에 솟은 야산의 이름으로 잘 어울린다. 뮤즈의 언덕 꼭대기 동쪽

소크라테스 조각. 로마 시대. 루브르 박물관

에 필로파포스의 기념물이 있어 필로파포스의 언덕이라고도 부른다. 필로파포스(65~116년)는 오늘날 튀르키예 남동부 지역 콤마게네 왕국의 왕자로 2세기 초 아테네에 살았다. 뮤즈의 언덕 소개 표지판에 명시된 20개의 그리스·로마 유적 가운데 소크라테스 감옥이 단연 탐방객의 시선을 끈다.

소크라테스 감옥은 뮤즈의 언덕 입구에 있어 쉽게 눈에 띈다. 아테네 특유의 돌산을 깎아 만들었다. 쇠창살로 입구를 막아 놨다. 내부 깊이는 10여m 정도다. 동굴 감옥 분위기가 물씬 풍긴다. 플라톤의 유명한 '동굴의 비유'에 나오는 당시 아테네 동굴 감옥 묘사와도 맞아떨어진다. 그렇다면 여기에서 소크라테스가 독배를 마셨을까? 이 동굴 감옥은 고대부터 존재했지만, 소크라테스 감옥이라고 알려진 것은 200년 조금 넘는다. 영국의 신학자이자 역사가 토머스 휴스(T.S.Hughes)가 아테네를 여행하고 1820년 이곳을 소크라테스 감옥이라고 이름 붙인 뒤부터다.

플라톤 조각. 로마 시대. 바티칸 박물관

네로는 어떻게 올림픽에서 우승했을까?

아크로폴리스 서쪽 사면의 뮤즈 언덕 전경

아테네시는 이곳을 소크라테스 감옥이라고 명명해 안내판을 만들어 붙였다. 하지만, 반론도 만만찮다. 당시 전쟁 포로 같은 죄수들을 동굴 감옥에 가뒀지만, 소크라테스 같은 고위 사상범은 이렇게 험한 곳에 수감하지 않았다는 것이다. 그렇다면 어디일까? 힌트는 있다. 플라톤의 또 다른 저서 『파이돈』에 소크라테스의 제자 파이돈이 언급한 내용이 나온다. "감옥이 법정에서 그리 멀지 않다". 법정이 어디인지 알면 어렵지 않게 감옥 위치를 추정해 볼 수 있다. B.C.5~B.C.4세기 아테네 민주정치 황금기에 주요 관공서는 고대 아고라에 자리했다.

아크로폴리스 북쪽 사면 아래 아고라를 찾으면 당시 관공서 터가 잘 발굴돼 탐방객을 맞는다. 법정 헬리아이아(Heliaia) 터도 마찬가지다. 2천5백년 전 아테네 민주정치와 사법제도를 웅변한다. 헬리아이아에서 가까운 곳에 국가 감옥 터로 추정되는 장소도 있다. 플라톤의 『파이돈』에 근거하면 멀리 떨어진 뮤즈의 언덕 동굴 감옥보다 아고라 법정 근처 국가 감옥이 사실에 더 부합해 보인다.

소크라테스의 법치주의

소크라테스는 왜 감옥에서 독배를 마셨을까? 소크라테스 재판은 B.C. 399년에 열렸다. 소크라테스는 책을 쓰지 않았기 때문에 그의 사상과 언행, 특히 재판 기록은 제자 플라톤과 크세노폰의 저술을 통해서만 전해진다. 재판은 다음 기회에 살펴보기로 하고, 플라톤의『소크라테스의 변론』에 나오는 소크라테스의 명언 하나를 소개하고 넘어간다. 소크라테스는 재판 과정에 자비를 구해 목숨을 건질 기회가 있었다. 하지만, 이를 거부하고 자신의 신념과 원칙을 지켰다. 사형평결을 받고, 이렇게 말한다.

"죽음을 피하기보다 비열함을 피하기가 어렵다. 나는 죽으러 가고 여러분들은 살러 가지만, 어느 쪽이 더 나은 운명인지는 오직 신만이 알 뿐 아무도 모른다."

비열함이 일상화된 사바세계에 비열해지기보다 죽음을 받아들였던 소크라테스의 울림이 크다. 죽음을 택한 소크라테스는 사형평결 뒤, 집행까지 기간에도 탈옥으로 살아날 수 있었다. 하지만, 소크라테스는 이마저도 정면으로 거부한다. 이 내용은 플라톤의『크리톤』에 잘 묘사된다.

필로파포스 기념물

크리톤은 소크라테스의 절친이다. 살림살이가 넉넉했다. 많은 돈을 들여서라도 소크라테스를 감옥에서 빼내 살리려 애썼다. 크리톤은 사형 집행 전날 소크라테스를 면회하며 눈물로 마지막 호소를

네로는 어떻게 올림픽에서 우승했을까?

쏟아낸다. 자신은 물론 테베의 심미아스를 비롯해 외국인까지 소크라테스를 위해 많은 돈을 쓸 준비가 돼 있고, 아테네를 벗어나 외국으로 가서 안전하게 살 수 있도록 조치할 테니 눈 딱 감고 자신의 의견을 따르라고 설득한다. 소크라테스의 대답은 무엇일까?

소크라테스 감옥 전경

악법도 법이다? 그러니 지켜야 한다? 소크라테스의 법치를 언급할 때 빠지지 않는 표현 '악법도 법이다'는 일본 법철학자 오다카 도모오(尾高朝雄, 1899~1956)가 1930년대 출판한 『법철학(法哲學)』에서 실

소크라테스 감옥 창살 내부

정법 준수의 필요성을 강조하며 만들어 낸 조어다. 소크라테스는 그런 말을 한 적이 없다. 『크리톤』의 원문을 통해 법치 정신이 결연하게 묻어나는 소크라테스의 신념과 원칙을 들여다본다.

소크라테스는 크리톤에게 먼저 "어떤 경우에도 불의를 저지르면 안 되고, 정당한 것을 약속했으면 반드시 지켜야 한다."라고 운을 뗀다. 이어 법률과 국가가 다음과 같이 묻는다고 들려준다.

"그대는 무엇을 하려고 하는가? 탈옥을 시도해서 있는 힘을 다해 우리 둘, 법률과 국가를 파괴할 작정인가? 나라의 법정에서 선고된 판결이 아무

아고라. 오른쪽이 아크로폴리스와 파르테논 신전. 아고라에 B.C.5~B.C.4세기 관공서터가 자리한다.

런 효력을 갖지 못하고 개인에 의해 무효가 되고 훼손된다면 그런 나라가 전복되지 않고 존속하리라고 생각하는가?"

성인 소크라테스는 '법'에 '악'이라는 부정적 프레임을 씌우지 않는다. 대신 법을 지켜야 시민 약속으로 만든 국가를 유지할 수 있다는 긍정적 프레임의 원칙만 또렷하다.

그래도 미련을 버리지 않고 탈옥을 간곡히 호소하는 절친 크리톤을 소크라테스는 "전쟁터에서도 법정에서도 그 밖의 어느 곳에서도 조국의 명령에 복종해야 한다."라며 거꾸로 설득한다. 소크라테스는 크리톤에게 마지막으로 담담하게 읊조린다.

"법률의 목소리가 귀에 쟁쟁해서 나는 다른 말은 아무것도 들리지 않는다네. 크리톤! 법률이 권하는 대로 하세. 신이 우리를 그쪽으로 인도하네."

플라톤의『크리톤』은 소크라테스의 이 말로 끝을 맺는다. 다음날 소크라테스는 독배를 마신다. 그가 이원적(二元的) 인식론(認識論)에서 설파한

대로 육체를 자연으로 돌려보내고, 정신의 영원한 자유를 얻는다. 비열함에 기대서 법을 어기며 법치를 아수라에 던져 버리는 정치 세태와 가짜뉴스, 위선에 죽비를 드는 성인의 삶이다.

토머스 홉스의 사회 계약론

소크라테스의 사상은 그가 독배를 마시고 2천여 년 흐른 뒤, 1651년 홉스의 『리바이어던』에 나오는 국가 존립 조건과 일맥상통한다. 국가란 무엇이고 어떻게 유지되는가? 청교도 혁명으로 1649년 잠시 공화국이 된 영국에서 토머스 홉스

헬리아이아, B.C.5~B.C.4세기 관공서 터의 법정이다.

는 『리바이어던(Leviathan, 1651년 출간)』 17장을 통해 국가를 다음과 같이 정의한다.

"나는 나 자신을 통치하는 권리를 합의체(Assembly)에 양도한다. 조건은 너도 양도하는 것이다. 이 상태를 국가(Commonwealth)라고 부른다. 인간의 평화와 안전을 보장하는 지상의 신 리바이어던은 이렇게 태어난다."

만인 대 만인의 투쟁 상태를 끝내려면 국가(리바이어던)에 권리 양도를 규정한 법을 구성원 모두 지켜야 한다는 게 골자다. 이런 사회계약 국가론의 법치 개념은 결국 고대 아테네로 거슬러 올라가 소크라테스에 뿌리를 둔다. 너와 나의 권리를 국가에 넘기고 만든 법을 지키자는 현대 사회계약 국가론을 죽음으로 웅변한 인류의 스승이 소크라테스다.

4. 국가는 언제 어떻게 망가지는가? 소크라테스와 법 수호자

20세기 전반기까지 지구 경찰을 자임하던 영국 수도 런던으로 가 보자. 국왕이 거주하는 버킹엄궁 동쪽으로 드넓게 펼쳐진 하이드 파크. 시계추를 1969년 7월 5일로 돌려 본다. 50만여 명의 군중이 몰린 가운데, 당대 최고 인기그룹 롤링 스톤즈의 공연이 펼쳐졌다. 오프닝 공연으로 결성 1년도 안 된 무명 밴드 킹크림슨(King Crimson)이 무대에 올랐다.

시대상을 고발하는 함축적인 가사에 파격적인 사운드의 「에피타프 (Epitaph, 비문)」가 청중들의 강렬한 호응을 얻으며 실험적인 프로그레시브록의 개막을 알린다. 오케스트라의 웅장한 음향을 내는 악기 멜로트론의 신비한 사운드에 감성적인 아르페지오 기타 선율, 여기에 읊조리듯 절규하는 로맨틱 보컬이 결부된 9분짜리 명곡 「에피타프(Epitaph, 비문)」의 클라이맥스 부분 가사를 보자. 정치 사회적 불안 속에 권력자들을 조롱하는 자조 섞인 비유가 가슴에 와 닿는다. "⋯The fate of all mankind, I see, is in the hands of fools⋯."

런던 하이드파크. 프로그레시브 록의 비조, 킹 크림슨이 1969년 7월 5일 공연을 펼치며 '에피타프
(Epitaph, 비문)'를 부른 장소

소크라테스 사형 평결과 죽음

"인류의 운명이 바보들(권력자들) 손아귀에 놓였다."라는 구절을 되뇌며
무대를 그리스 수도 아테네로 옮긴다. 2500년 전 국민 주권의 직접 민주주
의를 구가했던 아테네 정치의 심장부, 고대 아고라(Agora)와 그 앞 프닉스
언덕으로 가면 정치 연설단 베마(Bema)가 오롯하다. 2,500여 성상(星霜)이
무색하게 지금도 연설이 울려 퍼지는 듯하다. 아테네 국민이면 누구든지
오를 수 있던 베마에서 아크로폴리스 방향으로 300여m 발걸음을 옮기면
고대의 법정 헬리아이아(Heliaia)가 나온다. 바로 이곳에서 B.C.399년 소크
라테스가 사형판결을 받았다.

플라톤의 대화편 가운데 『소크라테스의 변론(Apologia)』은 재판 당시 상
황을 자세히 묘사한다. 소크라테스를 고발한 사람은 3명이다. 젊은 시인

아테네 아고라 베마(Bema, 정치 연설단). 2500년 세월 그대로다.

멜레토스, 배후에 있는 정치인 아뉘토스와 뤼콘. 죄목은 2가지. 소크라테스가 1. 아테네 신들에 대한 불경죄를 저질렀고, 2. 아테네 청년들 타락시켰다는 혐의다. 유무죄를 가리는 배심원(디카스트) 1차 평결 결과는?

소크라테스 스스로 30표만 더 받았으면 무죄라고 언급한 내용이 『소크라테스의 변론』에 나온다. 구체적인 숫자를 밝힌 사람은 3세기 로마 시대 그리스 철학자 디오게네스 라에르티오스다. 배심원 판결은 280:220으로 유죄가 많았다는 것이다. 형벌의 종류를 정하는 배심원단 2차 판결이 열렸다. 소크라테스는 360:140으로 사형이 확정된다(디오게네스 라에르티오스).

법정 헬리아이아에서 300여m 남쪽으로 발걸음을 옮기면 고대 '국가 감옥' 터가 나온다. 이곳에

클레로테리온. 아테네 배심원 재판에서 배심원을 추첨하는 장치. B.C.162년. 아테네 비문 박물관

서 소크라테스는 사약을 마시고 숨을 거둔다. 현장에 가 보면 터만 썰렁한 가운데 18세기 말 신고전주의(Neoclassicism) 양식을 집대성한 프랑스 화가 자크 루이 다비드의 걸작 「소크라테스의 죽음

네로는 어떻게 올림픽에서 우승했을까?

아테네 국가 감옥 터. 소크라테스가 사형판결을 받고 독배를 마신 장소. 자크 루이 다비드가 그린 '소크라테스의 죽음' 사진이 위인의 죽음 장소를 알린다. 아테네 아고라

(La Mort de Socrate, 1787년 작)」 사진이 탐방객을 맞아준다. 그렇다면 이 신고 전주의 작가가 그린 진품은? 소크라테스가 사약을 마시기 직전 역사적 장면을 극적으로 표현한 129.5㎝×196.2㎝ 유화 작품은 미국 뉴욕 메트로폴리탄 미술관(The Met)에서 소크라테스 추모객들을 만난다.

소크라테스의 제자 플라톤의 업적과 사상

소크라테스가 최후를 마친 감옥에서 나와 택시를 타고 15분쯤 가면 아카데미아(Academia)에 이른다. 플라톤이 B.C. 387년경 세운 서양 최초의 고등 교육 기관이다. B.C. 399년 스승 소크라테스가 사형당한 뒤, 절망한 플라톤이 지중해 각지를 유랑하다 돌아와 설립했다. 플라톤은 이곳에서 제

소크라테스의 죽음. 다비드 1787. 뉴욕 메트로폴
리탄 박물관

소크라테스. 다비드 1787. 뉴욕 메트로폴리탄
박물관

자들을 가르치며 소크라테스의 언행을 기록으로 남겼다. 책을 쓰지 않은
소크라테스의 사상은 플라톤의 방대한 저술이 아니었다면 그대로 묻힐 뻔
했다. 플라톤이 아카데미아에서 제자들과 이 위대한 업적을 넘기는 모습

아카데미아. 플라톤이 B.C.387년경 설립한 서양문명 최초의 고등교육기관

네로는 어떻게 올림픽에서 우승했을까?

을 담은 2개의 시각 예술품을 들여다보자.

먼저, 이탈리아 아름다운 항구도시 나폴리로 발길을 옮긴다. 그리스인들이 B.C.6세기 개척한 신도시 나폴리(Napoli, 그리스어 Nea Polis) 국립 고고학 박물관으로 가면 폼페이에서 출토한 B.C.1세기 모자이크 작품이 맞아준다. 「철학자들(Philosophers)」. 플라톤과 제자

철학자들. 플라톤과 제자들을 묘사한 장면으로 해석된다. B.C.1세기 헬레니즘 시대 모자이크. 폼페이 출토. 나폴리 고고학 박물관

들을 묘사한 헬레니즘 말기 모자이크 예술의 걸작이다. 오른쪽 상반신을 드러내는 그리스 특유의 히마티온을 입고 진지하게 토론하는 장면에서 인류사 철학의 태두 플라톤의 진면모가 느껴진다.

로마 바티칸 교황청 박물관의 스탄차 서명실로 가 보자. 교황 율리우스 2세의 의뢰를 받아 라파엘로가 1509~1511년 완성한 「아테네 학당(School of Athens)」이 르네상스 미술의 진수를 펼쳐 보인다. 균형미와 사실성, 완벽한 구도의 르네상스 예술에 담긴 인물들을 보자. 가운데 소실점에 플라톤과 제자 아리스토텔레스가 걸으며 토론하는 소요학파(逍遙學派)의 모습이 담겼다. 플라톤의 왼쪽에 대머리의 소크라테스가 젊은이들과 특유의 대화를 통한 변증(辯證, dialectics) 방법으로 교육 중이다. 바닥에는 무소유 철학의 창시자 디오게네스도 보인다.

이제 플라톤의『국가(Politeia)』4권을 펼친다. 플라톤의 큰형 아데이만투스(Adeimantus)가 정치인의 덕목을 묻자, 소크라테스가 답한다.

아테네 학당. 르네상스 시대 대표 화가 중 한 명인 라파엘로가 1511년 그림. 바티칸 스탄차 서명실

"정치인들은 양식 외에 따로 보수를 받지 않고, 외국 여행도 할 수 없으며, 여자 친구에게 선물도 못 하고, 행복하다고 여겨지는 사람들이 돈을 쓰는 그런 일에 돈을 쓸 수도 없다."

정치인의 덕목이 청빈, 검소, 도덕이란 얘기다.

『국가(Politeia)』4권에 소크라테스가 아데이만투스에게 들려주는 더 중요한 이야기는 다음과 같다. "법과 국가의 수호자들이 사실은 수호자가 아니면서 수호자인 척하면, 국가는 분명 완전히 망가진다." 법치 수호의 최후 보루는 사법부 판사다. 그들 손으로 쓴 판결문이 개인은 물론 나라의 운명을 좌지우지하기 때문이다. 이들이 법복을 입고 원칙 판사인 척 시늉만 하는 순간 국가는 나락으로 떨어진다. 프랑스의 계몽 사상가 몽테스키외가 1748년 『법의 정신(De l'Esprit des Lois)』에서 설파한 3권(입법, 행정, 사법)분립은 현대 민주주의의 근간이다. 킹크림슨의 「에피타프」를 다시 꺼낸다. "… The fate of all mankind, I see, is in the hands of fools….(인류의 운명이 바보들 손아귀에 놓였다)".

5. 정의로운 판사란 무엇인가? 고대 사회의 정의로운 판결

안중근 의사의 독립투쟁 궤적을 좇으며 고대 사회 정의로운 재판 사례를 타산지석(他山之石)으로 들춰본다.

하얼빈에서 찾은 안중근 의사의 발자취와 항일운동의 역사

중국 동북 3성의 맨 북쪽 흑룡강성 성도 하얼빈역으로 가 보자. 겨울에 혹한의 추위가 일상이고, 중국 남부에 비해 사람들 체격이 훨씬 커 일견 낯설다. 그러면서도 익숙하다. 초등학교 때부터 귀에 못이 박히도록 듣고 배운 역사적 사건 때문이리라. 안중근 의사의 이토 히로부미(伊藤博文, 이등박문) 사살. 새로 지은 하얼빈 철도역 건물 왼쪽에 안중근 의사 기념관이 보인다. 2014년 중국 정부가 역사적인 쾌거를 기념해 조성했다. 입구 위에 9시 30분을 가리키는 시계가 역사적인 그날을 떠올린다.

1909년 10월 26일 9시 30분경. 이등박문이 러시아 재무장관 코코체프를 만나기 위해 특별 열차에서 플랫폼으로 내렸다. 대한독립군 참모중장 신분으로 독립운동을 벌이던 안중근 의사는 러시아 측 인사로 위장해 플

하얼빈역 안중근 의사 기념관. 1909년 10월 26일 안중근 의사가 이등박문을 사살한 사건을 기념하는 공간이다.

하얼빈역 안중근 의사 기념관 내부

랫폼 환영인파 속으로 들어갈 수 있었다. 안중근 의사는 브라우닝 M1900 권총을 꺼내 6~7m 거리에서 미리 확인해 둔 이등박문의 얼굴을 보며 7발을 발사했다. 3발이 명중돼 이등박문은 즉사했고, 일본인 3명이 다쳤다. "대한제국 만세!"를 외친 안중근은 현장에서 체포돼 10월 31일 요령성 최

안중근 의사가 이등박문을 사살한 플랫폼. 안중근격필이등박문사건발생지(安重根击毙伊藤博文事件发生地)1909·10·26이라는 기념 문구가 적혀 있다.

네로는 어떻게 올림픽에서 우승했을까?

남단 여순으로 이송됐다. 안중근이 거사를 펼친 플랫폼은 '안중근격필이등박문사건발생지(安重根击毙伊藤博文事件发生地)'라는 표지와 함께 역사 현장으로 보존됐다.

안중근 의사가 이등박문을 사살하는 순간을 담은 그림. 여순 일아감옥구지(日俄監獄旧址) 박물관

고구려 시대 연개소문이 쌓은 천리장성의 맨 남쪽 관문 비사성이 대련(大連)이다. 여기서 남쪽 요동 반도 끝으로 1시간 거리에 여순(旅順)이 자리한다. '여순일아감옥구지(旅順日俄監獄旧址, 여순의 일본과 러시아 감옥 유적)'로 가 보자. 1895년 청일전쟁에서 승리한 일본은 요동 반도를 점령한다. 하지만, 중국 진출을 노리던 러시아가 프랑스와 독일을 끌어들여 3국 간섭을 통해 일본을 요동 반도에서 철수시키고, 요동 반도를 조차해 여순항을 개발하며 감옥을 지었다. 10년 뒤, 1905년 절치부심한 일본은 러일전쟁에서 승리한 뒤, 요동 반도를 차지한다. 러시아 감옥도 접수해 일제의 감옥으로 바꾼다. 독립 투사 안중근을 바로 이곳에 수감한 것이다.

감옥 유적에는 안중근 옥사가 잘 남아 있다. 교도소장 방 옆에 마련된 옥사

요령성 여순의 일아감옥구지(日俄監獄旧址). 러시아가 처음 만들고 일본이 접수해 활용한 감옥 유적지. 이곳에서 안중근이 사형당했고, 이회영이 옥사했으며 신채호도 수감됐다.

안중근 옥사. 일아감옥구지에 보존된 안중근 수감 옥사. 교도소장 방과 붙여 만들었다.

안중근 옥사 내부. 안중근이 쓰던 침대와 그 유명한 『동양평화론』을 집필하던 책상이 오롯하다.

에는 안 의사가 잠자던 침대와 『동양평화론(東洋平和論)』을 집필하던 책상도 오롯하다. 동아시아 3국(한국, 중국, 일본)의 평화 공존과 협력을 주장한 안중근 의사의 탁월한 평화 사상은 지금 되새겨도 시대를 앞서갔다. 동양 평화를 위해 이등박문을 처단했다는 안 의사의 논리와 결기에 새삼 고개가 숙여진다. 이곳 안중근 기념관에는 모택동과 함께 중국 현대사를 이끈 주역 주은래가 안 의사를 평가한 문구가 눈길을 끈다.

"중일갑오전쟁(청일전쟁) 이후 중조인민의 일본 제국주의 침략을 반대하

중국 현대사의 주역이던 주은래가 안중근을 평가하며 남긴 말을 기념관에 전시해 놓았다. 여순 일아감옥구지(日俄監獄旧址) 박물관

는 투쟁은 본세기 초 안중근이 하얼빈에서 이등박문을 사살한 것으로부터 시작됐다." 안중근은 이곳에서 1910년 2월 14일 사형 판결을 받고, 3월 26일 순국했다. 향년 32세의 열혈 청년이었다.

네덜란드 식민도시 바타비아(자카르타)

　이제 발길을 인구 2억 8,572만 명으로 세계 4위 인구 대국 인도네시아로 돌려 보자. 2월에 찾았는데, 기온이 30도가 넘어 하얼빈 추위와 정반대다. 향료 원산지를 찾아 대항해에 나섰던 포르투갈은 1507년 인도 고어 지방에 식민시를 설치하고, 1511년 믈라카(Melaka) 해협을 거쳐 1512년 인도네시아 말루쿠(Maluku) 제도에 도착한다. 향료 무역으로 대박을 터트린다.

　여기에 네덜란드가 끼어든다. 1596년 자바섬 반텐 항에 닻을 내리고, 1602년 네덜란드 동인도회사(VOC)를 설립한다. 국가로 군림했던 VOC는 1619년 바타비아(Batavia, 자카르타)를 식민 통치의 중심지로 삼는다. 2차 세계 대전 기간 중 1942년 일본이 인도네시아를 점령할 때까지 네덜란드는 약 350년 동안 인도네시아를 지배했다(1945년 인도네시아 독립 선언, 1949년 네덜

인도네시아 자카르타 구시가지 파타힐라 광장 남쪽에 자리한 자카르타 역사박물관 건물. 이곳이 1627년 건립된 네덜란드 동인도 회사(VOC)의 식민 청사 건물이다.

네덜란드 동인도 회사 식민청사 2층 집무실과 벽에 파노라마처럼 걸린 「세 가지 고대 재판 장면 그림 (Lukisan Tiga Keputusan Pengadilan)」.

란드 공식 독립 승인).

오늘날 자카르타 구시가지(항구 근처)에는 네덜란드 식민 통치 시절 유적이 다수 남아 있다. 그중 파타힐라 광장 남쪽에 자리한 서양식 자카르타 역사박물관 건물이 눈에 확 띈다. VOC가 1627년 건립한 본사 건물이자 식민 통치 청사다. 식민지 세금, 치안, 재판 행정의 중심지로 삼아 감옥도 있었다. 400년 된 건물의 2층 집무실로 올라가면 3점의 그림이 파노라마처럼 벽 중앙에 펼쳐진다. 18세기 초 네덜란드 화가 더 나이스(J.J. De Nijs)가 그린 유화다. 작품 이름은 「세 가지 고대 재판 장면 그림(Lukisan Tiga Keputusan Pengadilan)」. 네덜란드 식민 통치자들이 집무실에 걸어놓고, 교훈으로 삼고자 했던 고대의 공정 재판 3가지는 무엇일까?

네로는 어떻게 올림픽에서 우승했을까?

고대 국가의 정의로운 판결

맨 왼쪽은 페르시아의 왕 캄비세스 2세(Cambyses II, 재위 B.C.530~B.C.522)가 부정한 판사 시삼네스를 처벌하는 「캄비세스의 재판(The Judgment of Cambyses)」이다. 고대 서양사 최초, 최대 제국을 일군 키루스 대제의 아들로 아케메네스 페르시아 제국의 2번째 왕인 캄비세스 2세는 이집트를 정복하며 영토를 최대로 늘린 정복 군주다. 뇌물을 받고 부정한 판결을 내린 판사 시삼네스의 가죽을 벗겨 죽인 뒤, 그 아들을 새 판사로 임명했다. 그리고 그에게 아버지의 가죽으로 만든 의자에 앉아 판결하도록 지시한다. 판결할 때마다 부정 대신 공정을 생각하라는 조치다.

이 장면은 고대를 넘어 르네상스 시기까지 서양 사회에서 사법 판결의 공정과 엄정함을 강조하는 에피소드로 널리 쓰였다. 르네상스 화가 제라르 다비드의 「캄비세스의 재판(The

「캄비세스의 재판(The Judgment of Cambyses)」, 인도네시아 자카르타 역사박물관(구 네덜란드 동인도 회사(VOC)의 식민 청사)

Judgment of Cambyses)」그림은 1498년 플랑드르 지방(오늘날 벨기에 북주) 브뤼헤(Bruges) 시청사 법정 벽에 걸릴 정도였다. 플랑드르와 같은 언어 문화권인 네덜란드 VOC가 이 그림에 영향받아 식민지 재판정에도 그린 것으로 보인다. 이때 널리 회자된 교훈은 다음과 같다. "공정한 재판이 국가의 근본이다(Just judgment is the foundation of the state)."

가운데 그림 「솔로몬의 재판」은 널리 알려져 있으니 건너뛰자. 이 그림을 넘어, 오른쪽 「로크리의 재판(The Judgment of Locri)」을 보자. 로크

리(Locri)는 그리스인들이 B.C. 7세기 이탈리아반도 남부에 세운 도시국가다. 이곳의 입법자 자레우코스의 엄중한 준법정신을 로마 시대 그리스인 역사가 플루타르코스가 『도덕론집(Moralia)』에서도 언급한다. 전승에 따르면 로크리에서

「솔로몬의 재판(The Judgment of Solomon)」, 인도네시아 자카르타 역사박물관(구 네덜란드 동인도 회사(VOC)의 식민 청사)

는 간통한 남자의 두 눈을 없앴다. 입법자 자레우코스의 아들도 간통죄로 걸려 예외 없이 처벌받아야 하는 순간. 자레우코스는 아들 눈 하나, 대신 자신의 눈 하나를 내놓는 판결을 내렸다. 법도 엄하게 지키면서 자식도 살리는 살신성인의 준법정신이 잘 묻어난다.

「로크리의 재판(The Judgment of Locri)」, 인도네시아 자카르타 역사박물관(구 네덜란드 동인도 회사(VOC)의 식민 청사)

네로는 어떻게 올림픽에서 우승했을까?

6. 네로황제는 올림픽에서 어떻게 우승했는가? 권력과 법원

민주 공화정의 반대는 왕정이다. 폭군을 상징하는 로마의 네로 황제가 올림픽에서 우승한 역사를 반추해 본다.

네로의 동상 콜로수스와 네로 황제 집터에 세워진 콜로세움

이탈리아 수도 로마 심장부에 우뚝 솟은 금자탑 콜로세움(Colosseum). 1980년 유네스코 세계문화유산으로 등재된 콜로세움이 들어선 시기는 80년경. 타원형 검투 경기장인 콜로세움의 크기를 보자. 넓은 지름 189m, 짧은 지름 156m, 둘레 528m, 높이 48m. 수용 관중은 최하 5만여 명. 1986년 서울 아시안게임이 열리기 전까지 대한민국에서 가장 큰 경기장인 서울 동대문 운동장(현 DDP) 수용 규모가 3만 여명이니 거대한 규모가 잘 읽힌다. 콜로세움이 서 있는 자리는 원래 네로 황제 궁전터다. 네로 황제의 저택과 그가 좋아했던 모의 해전 장소인 거대 연못을 메우고 세운 게 콜로세움이다. 그런데 콜로세움이라는 이름은 어디서 나왔을까?

에게해 동남부의 아름다운 로도스섬으로 가 보자. 아담한 로도스 항구

콜로세움. 5만여 명의 관중을 수용하던 검투 경기장으로 네로 황제 궁전과 네로 연못을 메운 자리에 80년 건설했다.

어귀 양편에 앙증맞은 사슴 조각이 맞아준다. 하지만, 이 자리에는 원래 그리스 태양신 헬리오스의 거대한 청동상이 서 있었다. 사연은 이렇다. B.C.323년 정복왕 알렉산더가 유프라테스 강변의 아름다운 대도시 바빌론의 궁전에서 회식(심포지온) 도중 쓰러져 10일 만에 33살 나이로 숨을 거둔다. 이후 부하 장군들이 그리스에서 인더스강까지 거대 제국을 분할, 통치하며 치열한 내전을 치른다. 이 와중에 마케도니아 왕국을 계승한 데미트리오스 1세(알렉산더의 부하이자 마케도니아 왕국 섭정이던 안티고노스 1세의 아들)가 B.C.305년 로도스섬을 침공한다.

이때 이집트 프톨레마이오스 왕조(알렉산더의 부하이자 기병대장 프톨레마이오스 1세 건립)의 도움을 받은 로도스가 마케도니아를 물리친다. 이후 수호신 헬리오스에 대한 감사 표시로 헬리오스 조각을 B.C.280년경 세운다. '콜로수스(Colossus)'라고 불린 이 거대 조각은 B.C.226년 지진으로 파괴됐지만, 거대한 동상을 상징하는 보통명사가 됐다. 그리스 문화에 심취했던 네로

네로는 어떻게 올림픽에서 우승했을까?

로도스섬 로도스항 입구의 사슴 동상. 이 자리에 그리스 태양신 헬리오스의 거대 동상 콜로수스
(Colossus)가 있었다. 네로는 이 콜로수스를 본떠 로마의 자신 궁전 앞에 거대한 자기 동상을 세웠다.

는 헬리오스 거상에 버금가는 자신의 30여m 동상을 세웠다. 네로 콜로수
스이다. 이를 허물고 세운 검투 경기장이어서 장소 접미사 움(um)을 넣어
콜로세움이라는 이름이 나왔다.

올림피아 올림픽 전차 경주에 참가한 네로와 전차 경주장

네로가 탐냈던 것은 콜로수스만이 아니었다. 올림픽 우승. 네로는 올
림픽 우승의 꿈을 이루기 위해 67년 직접 그리스 올림피아를 찾았다. 네
로가 참여한 종목은 전차 경주. 파우사니아스의 『그리스 여행기(Periegesis

올림피아 스타디움. 67년 올림픽에 네로는 이 올림픽 스타디움을 찾았다. 그리고 근처 전차 경주장에서 펼쳐진 전차 경주에서 우승을 거머쥐었다.

로마의 히포드롬, 키르쿠스 막시무스. 최소 25만여 명을 수용한 초대형 시설이었다. 관중석 터만 남았다.

Hellados)』에는 올림픽 전차 경주장이 별도로 존재했고, 신전의 성역 바깥에 있었다고 기록한다. 하지만, 오늘날 올림피아 근처 알페이오스강의 흐름이 바뀌면서 지형을 변화시켜 네로가 참여한 전차 경주장의 위치나 흔

레바논 티레 전차 경주장의 관중석. 로마 시대처럼 원형 그대로 남아 전차 경주장의 함성을 들려준다.

네로는 어떻게 올림픽에서 우승했을까?

적을 찾지 못하고 있다.

로마 시대의 전차 경주장이 얼마나 큰지 보기 위해 콜로세움에서 남쪽 콘스탄티누스 황제 개선문을 지나 천천히 걸어보자. 오른쪽으로 클라우디우스 수도교 유적을 거쳐 15분여 만에 거대한 전차 경주장 키르쿠스 막시무스(Circus Maximus)에 이른다. 지중해 전역 로마 제국 영역에서 가장 컸던 전차 경주장, 키르쿠스 막시무스의 관람객 수용 규모는 최대 25만여 명이었다. 하지만, 키르쿠스 막시무스에 일부 잔해만 남아 있을 뿐이어서 관

이스라엘 카이세리아 전차 경주장 관중석. 영화 「벤허」의 공간적 배경이 된 장소다.

전차 경주장 모자이크. 전차 경주장의 전체 모습이 온전하게 전해진다. 3세기 로마 시대 모자이크. 튀니스 바르도 박물관

중석 등의 실체를 볼 수 없다.

레바논의 해안 도시, 번영하던 옛 페니키아 도시 티레에 로마 전차 경주장 관중석이 상당히 큰 규모로 오롯하다. 탐방객들은 돌로 만든 거대 관중석에 앉아 네로가 달리던 전차 경주 장면을 연상해 보기 좋다. 티레에서

전차 기수 에로스. 전차 기수는 로마 시대 최고의 인기남이었다. 3세기 로마 시대 모자이크. 튀니스 바르도 박물관

뒤집힌 전차. 3세기 로마 시대 모자이크. 영국 킹스턴 어폰 헐 이스트 라이딩 박물관

　　　　　　　　　　　　네로는 어떻게 올림픽에서 우승했을까?

남쪽으로 조금 내려오면 이스라엘 카이세리아다. 여기에도 전차 경주장 관중석이 남아 네로의 허욕을 피워 올린다. 카이세리아 전차 경주장은 명배우 찰턴 헤스턴의 영화 「벤허」의 공간적 배경이기도 하다. 그래도 실체를 보는 데에 있어서는 아쉬움이 남는다.

북아프리카 튀니지의 수도 튀니스로 발길을 옮겨보자. 튀니스 구시가지가 한니발이 활약하던 카르타고다. 바닷가 유적지는 해상왕국 카르타고의 뛰어난 항구 입지 조건을 잘 보여준다. 신시가지 튀니스의 바르도 박물관은 지구상에서 가장 많은 로마 모자이크를 소장한 곳이다. 이곳에 전차 경주 관련한 다양한 모자이크가 기다린다. 완벽한 형태의 전차 경주장 모자이크는 현장 유적들에서 볼 수 없는 완전체 경주장의 면모를 보여준다. 검투사가 인생 막장에 선 마초 같은 남성이었다면 전차 기수는 사회 명사로 대접받았다. 바르도 박물관에 전시 중인 「에로스」라는 이름의 전차 기수 모자이크에서 네로가 꿈꾸던 인기스타의 면모가 한껏 묻어난다.

전차 경주장은 영광으로만 가득한 게 아니다. 영국 북동부 킹스턴 어폰 헐에 있는 이스트 라이딩 박물관으로 가 보자. 경주 중에 뒤집힌 로마 전차 모자이크가 생생하다. 「벤허」에 나오는 비극적인 전차 전복 사고를 연상시킨다. 네로가 일정을 연기시켜 억지 참여한 67년 올림픽 전차 경주. 다른 선수들의 말 4마리 전차와 달리 네로는 10마리로 전차를 꾸렸다. 플라이급 경기에 헤비급 선수가 나온 셈. 하지만, 경주 도중 사고로 말에서 떨어져 탈락하고 말았다. 그런데도, 우승의 영광은 네로 품에 안겼다.

네로, '국가의 적'으로 선포되고, '자살령'과 '기록 말살형'

로마 역사가 수에토니우스(Suetoniuss, 69~122년)는 『황제열전(De Vita Caesarum)』에 네로가 올림픽 전차 경주 당시 말에서 떨어져 경주를 마치

지 못했는데도 우승이 선언됐다고 기록
한다. 이유는? 심판관이 만약 네로가 끝
까지 달렸다면 우승했을 것이라고 판정
했기 때문이다. 황제 권력 앞에 누구보
다 공정해야 할 심판관의 판정이 뒤틀린
거다. 수에토니오스는 네로가 이 엉터리
판결로 빚어진 우승을 홍보하기 위해 로
마 시내에서 대규모 개선 행진을 펼쳤다
고 덧붙인다.

네로. 1세기 로마 시대 조각. 68년 원로원
은 네로를 '국가의 적'으로 선포하고, '자
살형'과 '기록 말살형'을 내린다. 로마 팔
라조 마시모 박물관

　보다 못한 로마 원로원은 68년 6월 네
로를 '국가의 적(Hostis Publicus)'으로 선포
하고, '자살 명령'과 '기록 말살형'을 내렸다. 네로는 측근 에파프로디토스
의 도움을 받아 스스로 목을 찔러 목숨을 끊었다. 폭군 네로에게 적어도
그럴 용기는 있었다. 21세기 민주적 지도자를 참칭하는 비겁한 사람은….

7. 판결 오류 판사는 영구 추방? 함무라비 법전

민주주의 역사가 길지 않은 한국에서 사법부 적폐가 화두로 떠올랐다. 입법부와 행정부가 국민 손으로 선출되며 견제 장치를 갖춘 데 비해 사법부는 다르다. 독립 왕국과도 같다. 정치 편향 판결, 재판 지연, 거짓과 위선에 사법부의 신뢰는 무너진 지 오래다. 인류가 마련했던 사법 정의 세우기 역사로 들어가 본다.

1748년 몽테스키외 삼권 분립

포도주의 명산지 프랑스 보르도(Bordeaux). 메독이나 코냑 같은 술들의 생산지도 보르도 지역에 있다. 대서양 연안이어서 겨울에도 온난하고 맑은 날이 많다. 시내를 가로지르는 가론강 강변의 고풍스러운 건물들은 보르도를 매력적인 관광 도시로 자리매김한다. 보르도 출신으로 현대 대의민주주의제도의 기틀을 다진 인물이 몽테스키외다.

1748년 59살 때 40년 연구 성과를 정리해 『법의 정신(De l'esprit des lois)』을 펴내며 입법, 사법, 행정의 3권분립을 정립했다. 사또 변학도가 수청을

보르도 가론강과 보르도 대성당. 3권분립의 창시자 몽테스키외의 고향이다.

거부하는 춘향을 옥에 가두는 데서 보듯 동서고금에 사법권은 행정권에 예속됐다. 이를 뒤집은 혁명적 발상이다. 탄압을 피해 스위스 제네바에서 익명으로 출판했지만, 전 유럽에서 호평받았고, 1776년 3권분립 민주국가의 효시, 미국 탄생에 이념적 토대가 됐다.

4천 년 전 함무라비 법전

알렉산더가 이끄는 그리스인들이 B.C. 331년 페르시아 제국을 붕괴시키면서 지구상 최고 역사고도 바빌론을 손에 넣는다. 이어 중앙아시아 우즈베키스탄은 물론 인더스강 유역 펀잡까지 정복하고, B.C. 324년 페르시아 제국의 여름 수도이던 수사로 돌아온다. 여기에서 마케도니아 장군들과 페르시아 여인들 사이 동서 합동결혼식을 치른다. 자신도 2명의 페르시아 여인을 더 아내로 맞아들인다. 비록 1년 뒤 알렉산더가 죽으면서 대부분 파경을 맞지만….

네로는 어떻게 올림픽에서 우승했을까?

함무라비 법전 발굴지. 이란 수사

수사는 메소포타미아와 인접한 이란
의 역사 고도다. 이곳에서 1901년 12
월-1902년 1월 세일(J.V.Scheil)이 이끄는
프랑스 고고학팀이 길이 225㎝짜리 검
은색 섬록암 비석을 발굴한다. 비석은
38만 점의 유물을 소장한 파리 루브르
박물관에 전시 중이다. 고바빌로니아
왕국 함무라비(재위 B.C.1790~B.C.1750) 치
세 때 수메르 쐐기문자를 차용해 셈족
아카드어로 만들어 수도 바빌론에 세웠
던 282개 조항의 법전이다.

　"자유인이 다른 자유인의 눈을 해치
면 그의 눈도 해친다."라는 조항은 동해

함무라비 법전. 루브르 박물관

소포클레스. 대영박물관

보복형(同害報復刑, 탈리오 법칙), 복수법(復讐法)의 전형을 보여준다. 쐐기문자는 이미 19세기 중반 해독된 상태여서 세일 연구팀은 1902년 법전을 즉시 풀어냈다. 시카고 대학 하퍼(R.F.HARPER) 박사가 1904년 펴낸『바빌론왕 함무라비 법전』을 보면 '눈에는 눈' 조항은 196조다. 197조 내용도 비슷하다. "자유인의 뼈를 부러트리면 그 사람의 뼈를 부러트린다." 법의 역사를 좇는 탐방객은 루브르 박물관 리슐리외 전시관의 메소포타미아 전시실에서 4천 년 전에도 사법부 판결의 정확성을 확보하기 고심했던 법 조항에 적잖이 놀란다.

함무라비 법전 5조를 읽어보자.

아레오파고스

아고라

"만약 판사가 판단해서 결정을 내리고, 이를 서명해 판결했는데, 나중에 그 판결을 바꾸는 경우에는 판사가 자신이 내렸던 판결을 책임진다. 판결했던 벌금보다 12배로 물어낸다. 그 판사를 판사석에서 내쫓고, 다시는 판사석에 앉히지 않는다."

판사의 자의적 판결을 막기 위한 조항이다. 판사가 법률과 원칙에 입각하지 않고, 사적인 감정이나 개인 편향으로 판결하는 동서고금의 세태에 경종을 울린다.

아테네 민주정치, 귀족 사법부 아레오파고스와 시민 배심원 디카스트

고대 그리스 문명의 보배와도 같은 아테네 직접 민주주의의 현장, 아고라는 지금도 소포클레스나 소크라테스가 거닐던 길 그대로다. 아고라에

아테네 고대 아고라의 아탈로스 스토아. 지금은 박물관으로 활용한다.

서 아크로폴리스 파르테논 신전으로 올라가는 중간 지점에 야트막한 돌산
이 나온다. 아레오파고스(Arepagos)다. 고대 그리스어로 '아레스의 언덕(Hill
of Ares)'이라는 의미다. 전쟁의 신 아레스의 언덕이라는 이름이 붙은 이유
는 이곳에서 올림포스 12신이 모여 아레스를 심판했기 때문이다.

사연은 이렇다. 아레스가 큰아버지 포세이돈의 아들인 사촌 할리로티우
스를 살해했다. 자신의 딸을 겁탈했다는 이유다. 공적 법체계가 아닌 사적
형벌 즉 린치(Lynch)를 가한 거다. 신들은 아레스에게 무죄를 선고했다. 이
후, 이 장소는 아테네의 법정이 됐고, 아레오파고스는 곧 사법부를 의미했
다. 기원후 사도 바울이 아레오파고스에서 아테네 재판관 디오니시우스
를 기독교도로 개종시켰다는 얘기도 전한다.

사법부 아레오파고스의 구성원은 귀족들이다. 재판은 귀족이나 부유층

네로는 어떻게 올림픽에서 우승했을까?

에 유리한 판결로 일관됐다. 재판거래가 횡행했고, 힘없는 일반 시민들은 재판 결과를 신뢰하지 않았다. 이런 와중에 B.C.490년 1차 페르시아 전쟁 마라톤 전투, B.C.480년 2차 페르시아 전쟁 살라미스 해전에서 페르시아의 침공으로부터 조국을 지켜낸 주역은 일반 시민이었다. 전쟁이 터지면 시민이 군인으로 소집되는 제도 아래 시민 병사로 구성된 밀집대형의 팔랑크스 부대가 맹활약해 조국을 지켜낼 수 있었다. 국가 보위의 주역, 시민이 권력의 주인이 돼야 한다는 논리가 가능했다. 이미 B.C.508년 개혁을 통해 18세 이상 남성 시민들이 재산여부에 관계 없이 투표권을 갖고 관료를 선출하는 제도를 갖췄다. 대의민주주의다.

클레로테리온. 디카스트(시민 배심원) 추첨 장치. 아테네 아고라 박물관

B.C462년, 에피알테스가 주도한 개혁을 통해 모든 법률과 정책 결정을 국민투표로 넘겼다. 관직은 시민 가운데 추첨으로 뽑았다. 입법권과 행정권을 시민 손으로 넘긴 데 이어 사법제도 역시 디카스트(Dikast, 시민 배심원) 재판으로 바꿔 국민 주권을 확고하게 다졌다. 함무라비 법전의 판사 추방 조항과 같은 맥락이다. 시민이 3권을 갖는 아테네 직접 민주주의의 완성이다.

아레오파고스에서 다시 아고라로 10분여 내려가면 웅장한 자태의 아탈로스 스토아에 이른다. 1953년 미국 석유 사업가 록펠러 가문이 돈을 대 3년 공사로 복원한 건물이다. 원래는 튀르키예 서부 연안의 부국 페르가몬 왕국의 아탈로스 2세가 젊은 시절 아테네에서 공부한 것에 감사 표시로 B.C.159년 착공해 21년 만에 완공한 이력을 갖는다. 지금은 아고라 박물관으로 전환돼 희귀 유물로 탐방객을 맞는다. 클레로테리온(Kleroterion). 디카스트를 추첨하는 장치다. 공정한 재판을 위해 연초 6천 명의 배심원 후보자를 선정해 놓고, 재판 당일 아침 클레로테리온에서 추첨을 통해 201명~2,500명의 디카스트를 뽑는다.

오늘날 미국을 비롯한 유럽 대부분의 나라가 채택하는 시민 배심원 재판은 여기에 뿌리를 둔다. 국내 대기업과 미국 기업의 특허 분쟁에서 유무죄는 하버드 법학전문대학원 출신 판사가 결정하지 않는다. 시민 배심원들이 판결한다. 판사는 재판을 진행하고 유죄일 경우 형량만 정한다. 전 세계 민주국가 가운데 유례없는 사법부 판사 왕국이라는 오명을 이제 곰곰 되씹어 볼 시점이다.

네로는 어떻게 올림픽에서 우승했을까?

8. 그리스 도편추방제가 폐지된 이유는? 탄핵

탄핵제도의 기원인 고대 아테네 도편추방제가 독재 방지용으로 도입됐다가 왜 폐지됐는지를 살펴본다.

B.C.560년경 아테네에 독재자 '참주' 등장 및 추방과 도편추방제 도입

서양문명의 남상(濫觴) 아테네. 아테네에 가 본 적이 없는 미국 작가 에드거 앨런 포(Edgar Allan Poe, 1809~1849)가 1831년 18살 때 쓴 시『헬레네에게(To Helen)』의 개정판이 그의 사후 1840년 나왔다. 여기에 그 유명한 '영광은 그리스 것이요, 위대함은 로마 것'이라는 표현이 나온다. 영광스러운 그리스 역사의 흔적을 찾아 아테네 비문 박물관(Epigraphic Museum)으로 가면「페이시스트라토스 제단(B.C.520~B.C.511)」이 고색창연한 빛을 발한다. B.C.560년 아테네 민주정치를 뒤엎고, 참주(僭主, tyrant, 독재자)가 된 페이시스트라토스 1세의 손자가 행정관(Archon) 취임 기념으로 아폴론 신전에 기증한 제단이다. 2,500년 넘은 독재자 가문의 유물이 씁쓸하다.

그리스인들이 B.C.6세기 건립한 나폴리(Napoli, 새 도시라는 뜻. NEA POLIS).

시내 중심의 고고학 박물관으로 발길을 옮긴다. 로마 교외 티볼리의 하드리아누스 황제 빌라에서 출토된 조각 「티라노크토노이(Tyrannoktonoi, 참주 살해 시도 혁명가들)」가 맞아준다. 2명의 이름은 아리스토게이톤과 하르모디오스. B.C.510년 안테노르가 제작한 청동상을 B.C.470년 크리티오스와 네시오테스가 재제작한 뒤, 이것을 2세기 로마 하드리아누스 황제 때 대리석으로 복제한 짝퉁이다. 하지만, 2천여 년이 흐르니 더없이 소중한 유물로 대접받는다.

페이시스트라토스 1세가 B.C.527년 사망하면서 아들 히피아스가 참주 자리를 이어받았다. 사실상 왕정이 된 셈이다. 이에 B.C.514년 아테네의 최대 축제인 판아테나이아 제전(수호신 아테나 기념 제전) 때 아리스토게이톤과 하르모디오스 주도의 민주혁명이 일어난다. 결과는 실패. 하르모디오스는 현장에서 살해되고, 아리스토게이톤은 체포돼 고문 속에 처형됐다.

아테네의 아크로폴리스 파르테논 신전으로 올라가 보자. 이곳에서 B.C.510년 페이시스트라토스 가문의 참주 통치가 종말을 고한다. 민주주의 지도자 클레이스테네스가 스파르타 왕 클레오메네스에게 부탁해 스파르타 군대로 참주 가문을 내쫓은 것이다. 참주 히피아스는 전 재산을 갖고 해외로 망명하는 조건 아래 아크로폴리스 농성을 풀고, 적국 페르시아로 간다. 페이시스트라토스 가문의 참주 정치는 2대 50년 만에 끝났다. 아테네는 클레이스테네스 주도로 인류 역사상 유례를 찾아보기 어려운 민주개혁을 일궈냈다. 그중 하나가 도편추방제(陶片追放制, Ostracism)라는 탄핵제도다.

파르테논 신전에서 아고라로 내려오면 아고라 박물관에 이른다. 여기에 사람 이름이 적힌 도자기 접시(ostrakon)가 온전한 모습, 혹은 깨진 상태로 진열됐다. 독재자 출현 방지를 위해 만든 도편추방제 유물이다. 민회

「티라노크토노이(Tyrannoktonoi, 참주살해 시도 혁명가들)」, 아리스토게이톤(오른쪽)과 하르모디오스, B.C.510년에 제작된 안테노르 원작 청동상을 B.C.470년 크리티오스와 네시오테스가 재제작한 뒤, 2세기 로마 하드리아누스 황제 때 대리석으로 복제한 유물. 나폴리 고고학 박물관

(ekklesia)에서 6천 명 이상 국민이 특정인의 이름을 적어내면 탄핵된다. 도편추방 결정 10일 이내에 아테네에서 10년간 쫓겨난다. 재산권은 보존된다. 하지만, 도편추방제는 경고용으로 제정됐을 뿐 시행되지는 않았다. 그런데, 사건이 터졌다.

아테네 북서쪽 42.195㎞ 지점 마라톤으로 이동해 보자. B.C.490년 페르시아 전쟁 마라톤 전투에서 순국한 192명의 아테네 시민 병사 합동 무덤이 거대한 위용을 뽐낸다. 전투가 가장 치열했던 현장에 시신을 매장한 기념 무덤이다. 이때 침략군 페르시아의 대군을 인솔하고 온 인물은 놀랍게

도편추방제에 사용된 도편(Ostrakon)들. B.C.5세기. 아테네 아고라 박물관

마라톤 전투를 승리로 이끈 밀티아데스 장군. 마라톤 전투 현장

　　　　　　　　　　　　　네로는 어떻게 올림픽에서 우승했을까?

도 20년 전 쫓겨났던 참
주 히피아스. 그는 80살
고령으로 참주 복귀를 노
리며 페르시아군의 앞잡
이로 변신하여 매국노가
되어 나타났다. 이에 놀
란 시민들이 도편추방제
를 실행한다.

마라톤 전투 순국 시민 병사 기념 무덤. B.C.490년 페르시아
침략 전쟁 때 마라톤에서 벌어진 전투에서 사망한 아테네 시민
병사 192명을 기리는 합동 무덤이다.

　아테네 아크로폴리스
맞은편 500여m 떨어진 곳에 프닉스(Pnyx) 언덕이 솟았다. 프닉스 언덕에
서 열린 민회가 매년 '올해 도편추방 실행' 여부를 결정했다. 실행이 확정
되면 아고라에서 2달 안에 다시 민회를 열어 투표하는 방식이다. 마라톤

프닉스 언덕. 매년 이곳에서 민회를 열고 도편추방제를 실시할 것인지 결정했다. 이곳 민회에서 도편
추방제 실시가 결정되면 본투표는 아고라에서 진행됐다. B.C.487년 이곳에서 인류 역사 최초의 탄핵,
즉 도편추방 투표 실시가 결정됐다. 맞은편 언덕이 아크로폴리스다.

아테네 아고라. 프닉스 언덕에서 도편추방제 투표 실시가 결정되면 실제 탄핵 투표는 이곳 아고라에서 진행됐다. B.C.487년 인류 역사 최초로 히파르코스가 도편추방, 즉 탄핵당했다.

전투 3년 뒤, B.C.487년 프닉스 언덕에서 인류 역사상 최초의 탄핵(도편추방) 실시가 결정됐다. 2달 뒤 아고라에서 탄핵 투표가 열렸다. 도편추방 당한 인물은? 아리스토텔레스의 『아테네 정치제도사』 22장에 "최초의 도편추방 대상은 히파르코스. 페이시스트라토스 가문 일원"이라고 기록된다. 3년 전 페르시아 침략의 앞잡이로 참주 자리 복귀를 노리던 히피아스(페이시스트라토스 가문)의 친척 히파르코스다.

아고라 박물관으로 다시 들어간다. 1930년대 아고라 북서쪽에서 발굴된 대량의 도편추방 투표 도자기 파편들이 민주주의 역사를 웅변한다. 헤로도토스의 『역사』, 아리스토텔레스의 『아테네 정치제도사』, 로마 시대 2

네로는 어떻게 올림픽에서 우승했을까?

세기 플루타르코스의 『영웅전』 기록에 나오는 도편추방 탄핵 인물은 8명이다. 기록에 없지만, 도편 유물에 이름이 적힌 사람까지 합치면 최대 13명이다. 히파르코스에 이어 다음 해 B.C.486년 메가클레스, B.C.484년 크산티포스(페리클레스의 아버지), B.C.482년 아리스테이데스, B.C.471년 페르시아 전쟁영웅 테미스토클레스, B.C.461년 키몬의 탄핵 도편이 민주주의의 엄중함을 증언한다.

B.C.417년 도편추방 탄핵제가 중단된 이유

그러나 도편추방제는 B.C.417년 급진 민주주의자 히페르볼로스 탄핵

메카클레스 탄핵 도편(오스트라콘). B.C.486년. 아고라 박물관

크산티포스 탄핵 도편(오스트라콘). B.C.484년. 아고라 박물관

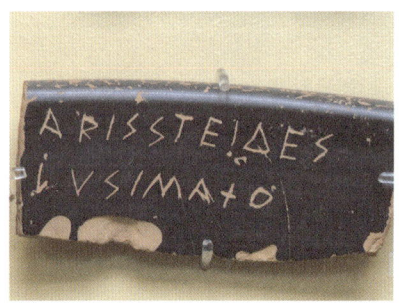

아리스테이데스 탄핵 도편(오스트라콘). B.C.482년. 아고라 박물관

테미스토클레스 탄핵 도편(오스트라콘). B.C.471년. 아고라 박물관

을 끝으로 폐지된다. 로마 시대 플루타르코스는 『영웅전』에서 히페르볼로스가 대중에게 '수치와 조롱'의 대상이 돼 도편 추방됐다고 기록한다. 플루타르코스는 또 B.C. 471년 테미스토클레스의 경우 '대중의 질투와 견제', B.C. 482년 아리스테이데스는 '너무 정의롭다'라는 이유로 추방되는 등 도편추방제가 독재자 탄핵 취지를 넘어 대중의 정치 감정에 좌지우지되는 측면이 컸다고 지적한다.

아테네 민주주의 연구의 대가인 영국의 로즈(P.J.Rhodes, 2004)는 "히페르볼로스 탄핵은 제도의 신뢰를 무너트렸다."라고 했으며, 아테네 연구 권위자인 덴마크의 한센(M.H.Hansen, 1991) 역시 "도편추방은 초기 민주 체제의 중요한 방어 장치였지만, 차츰 정치적 도구로 전락했다."고 비판했고, 미국 출신의 영국 고대사학자 핀리(M.I.Finley, 1973)는 "감정적 대중 정치에서 보다 절차적인 통제 수단 즉 재판에 의존하며 도편추방제는 사라졌다."라고 분석했다. B.C. 5세기 중엽 아고라에 법정(Heliaia)이 생겨 감정적 탄핵 대신 엄정한 법의 심판으로 이동해 갔다는 의미다.

네로는 어떻게 올림픽에서 우승했을까?

9. 고대에도 가짜 뉴스 정치가 있었나? 페이시스트라토스

한국 현대 정치에도 극단적인 자해 정치나 가짜 뉴스로 국면 타개를 꾀하는 사례가 적지 않다. 타산지석으로 고대 그리스 역사를 들춰 가짜 뉴스 선동정치 사례를 찾아본다.

마라톤 전투

초가을 햇살이 따갑게 내리쬐던 9월. 그리스 역사에서는 B.C. 490년 9월 10일로 기억한다. 장소는? 그리스 아테네 중심부 아고라에서 북동쪽 42.195㎞ 지점 바닷가 마라톤(Marathon). 그렇다. 인간의 한계를 시험하는 극한 스포츠 마라톤 발상

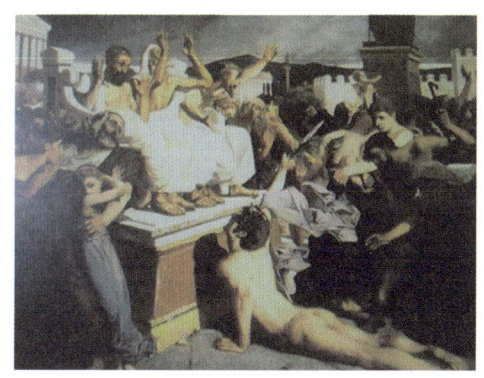

아테네 병사 페이디피데스. 마라톤 전투 승리 소식을 아테네에 전하고 쓰러져 숨을 거뒀다고 전해진다. 프랑스 화가 뤽 올리비에 메르송 작품. 아테네 고대 올림픽 스타디온 전시관에 사진으로 진열 중이다.

마라톤 전투가 벌어진 마라톤만 모형. 마라톤 전투 현장

시민 병사 조각. 마라톤

지다. 아테네 시민 병사 1만 명과 근처 도시국가 플라타이아이 응원군 1천 명이 진을 친 마라톤만(灣)에 850척의 페르시아 선박이 닻을 내렸다. 보병 2만5천명과 선원 등 페르시아인 10만여 명이 쏟아져 나왔다. 밀티아데스 장군이 이끄는 아테네 연합군은 밀집대형 팔랑크스 전법으로 오랜 항해에 지친 페르시아 침략군을 물리쳤다. 헤로도토스(Herodotos)는『역사(Historia)』에 이렇게 적는다.

나폴리만 산타루치아 항에서 바라본 베수비오 화산

 "아테네 시민 병사 192명, 플라타이아이 군 11명, 페르시아 병사 6천4백명 사망. 아테네 승리."

 이때 시민 병사 한 명이 한 번도 쉬지 않고 달려 이 놀랄만한 승리 소식을 전한 뒤, 장렬한 전사 아닌 전사자로 이름을 남긴다. 페이디피데스. 오늘날 우리는 마라톤 경기를 열어 그를 기린다. 하지만 애국자가 있으면 매국노도 있는 법. 페르시아군을 인솔하고 온 인물은 80살 고령 히피아스. 20년 전 B.C.510년 아테네에서 추방됐다가 적국의 앞잡이로 조국에 비수를 겨눴다. 그의 아버지는 자해 가짜 뉴스로 아테네의 독재자가 된 인물이다.

하르모디오스 조각. B.C.510년에 만든 청동상을 로마 시대 대리석으로 재제작. 나폴리 고고학 박물관

아리스토게이톤 조각. B.C.510년에 만든 청동상을 로마 시대 대리석으로 재제작. 나폴리 고고학 박물관

그리스 식민 도시 나폴리와 아테네에서 찾은
그리스 정치인들의 권모술수와 가짜 뉴스

지구촌 3대 미항의 하나로 불리는 나폴리로 가 보자. B.C.8세기경에 게해 그리스인들이 나폴리만으로 들어와 터전을 일궜다. 점차 거주지역을 넓혔고, B.C.6세기 네아 폴리스(Nea Polis, 새 도시)라는 이름 아래 세를 크게 떨쳤다. 오늘날 나폴리(Napoli)라는 이름의 기원이다. 이탈리아반도 남부와 시칠리아섬 그리스 식민도시들로 결성된 마그나 그라에키아(Magna Graecia, 대그리스 연방)의 중심도시로 성장했다.

나폴리 민요 산타루치아를 흥얼거리며 항구에서 20분여 걸으면 과거 나폴리 왕국의 궁전이 나오고 여기서 다시 40분여 거리에 나폴리 고고학 박물관이 자리한다. 1748년부터 발굴이 시작된 폼페이와 근처 에르콜라노에서 발굴한 주옥같은 유물들이 고대 로마 문명상을 고스란히 되살려낸다. 고대 로마 문명이 살아 숨 쉬는 풍속화첩, 백과사전, 진열장 같은 나폴리 고고학 박물관 2층에 귀한 인물 조각 2점이 탐방객을 반긴다. 대리석 조각의 주인공은 늠름한 젊은이 하르모디오스, 위엄있는 중년의 아리스토게이톤이다.

둘이 빚어내는 핑크빛 사연은 다음 기회로 미루고, 무거운 정치 이야기로 들어간다. 조각은 로마 시대 조각가의 손끝에서 태어났다. 하지만, 원본은 B.C.510년 그리스 아르카이크 시기의 저명한 조각가 안테노르의 청동상이다. 이를 로마 시대 대리석으로 복제한 것이다. B.C.510년이면 마라톤 전투에서 B.C.480년 조국의 등에 비수를 꽂으려던 히피아스가 아테네에서 추방된 해가 아닌가. 사연은 이렇다.

히피아스는 B.C.527년 아테네의 독재자이던 아버지 페이시스트라토스가 죽으면서 권력을 이어받아 아테네 참주 자리에 올랐다. 히피아스에게는 동복동생 히파르코스와 이복동생 이오폰, 헤게시스트라토스가 있었다. 헤게시스트라토스는 페이시스트라토스가 아르고스 출신 여인에게서 낳은 아들로 다혈질이었다. 아리스토텔레스는 헤게시스트라토스가 오만한 성격이라며 후한 점수를 주지 않았다. B.C.528년 아버지 페이시스트라토스를 위해 어머니의 고향 아르고스에서 용병 1천명을 데려와

페이시스트라토스 제단. 페이시스트라토스의 손자가 B.C.520년 제작했다. 아테네 비문(epigraphy) 박물관

아크로폴리스 구 파르테논 신전터. 오른쪽 공터가 구 파르테논신전터다. B.C.510년 참주 히피아스와 일족은 구파르테논 신전에서 민주혁명 세력과 스파르타 연합군에 맞서 농성했다. 구 파르테논신전은 B.C.480년 페르시아 전쟁 때 불타 파괴됐다. 왼쪽 파르테논 신전은 페르시아와 평화조약이 체결된 뒤, B.C.437년 더욱 크게 재건축한 신전이다.

아버지를 독재자 자리에 다시 앉혀준 효자(?)다. 그런 그가 B.C.514년 치정사건에 얽혔다.

　남성 동성애가 흠이 아니던 당시, 헤게시스트라토스는 하르모디오스라는 늠름한 젊은이에게 연모의 정을 품었다. 하지만, 그의 연정(戀情)은 퇴짜 맞고, 시들었다. 사랑 뒤에 찾아오는 증오는 더 무섭다. 헤게시스트라토스는 졸렬하게 복수극을 펼친다. 하르모디오스의 흉을 보며 다닌 것은 기본. 아테나 여신에게 바치는 판아테나이아 제전에 하르모디오스의 여동생이 행진하는 영광을 누리지 못하도록 압력도 넣었다. 하르모디오스는 자신이 믿고 따르던 아리스토게이톤과 동지들을 모아 참주 가문을 몰

　　　　　　　네로는 어떻게 올림픽에서 우승했을까?

아내고 아테네에 민주정치를 회복시키자고 다짐한다.

히피아스 가문을 처단하기로 정한 날 아침 판아테나이아 축제장. 참주 히피아스 옆자리에 거사를 모의한 동지 한 명이 사이좋게 나란히 앉아 있는 게 아닌가. 이를 목격한 하르모디오스와 아리스토게이톤의 혁명 세력은 밀고자가 생겨 거사가 누설된 것으로 판단했다. 늦기 전에 선수를 치자는 결정 아래 동지들이 미처 다 모이지 않은 상태에서 수적 열세에도 불구하고 섣부르게 행동에 들어갔다. 히피아스의 동복동생 히파르코스를 죽이는 데는 성공했지만, 그것으로 끝. 젊은 하르모디오스는 그 자리에서 반격을 받고 죽었다. 아리스토게이톤은 사로잡혀 모진 고문 속에 거짓 공모자 이름을 대고 생을 접었다.

살아남은 히피아스는 폭군으로 변해 복수의 칼날을 휘둘렀다. 공포정치 4년째였던 B.C. 510년, 망명 중이던 민주인사 클레이스테네스가 스파르타 왕의 협력을 얻어 아테네에 입성했다. 아크로폴리스로 도망가 농성하던 히피아스 일족은 재산을 갖고 해외로 나간다는 조건에 합의한 뒤, 페르시아로 갔다. 민주주의를 되찾은 아테네 시민들은 하르모디오스와 아리스토게이톤의 의거를 기려 둘의 청동 조각상을 시내에 세웠다.

아테네 고고학 박물관 옆에 부속 건물 비슷하게 비문(碑文, epigraphy) 박물관이 자리한다. 고대 그리스 역사를 수놓는 중요 사건 관련 비석이나 글자가 새겨진 유물을 전시 중이다. 중국의 역사고도 서안에 있는 비림(碑林) 박물관과 닮은꼴이다. 이곳에서 큼직한 페이시스트라토스 제단을 볼 수 있다. 개인 제단 유물 가운데 가장 크다. 히피아스의 아들이 B.C. 520년경 아테네 행정관(Archon) 취임 기념으로 봉헌한 기념물이다.

여기서 아테네 아크로폴리스로 올라가면 파르테논 신전과 마주한다. 아테네 수호 여신 아테나를 기리는 신전이다. 이는 B.C. 480년 2차 페르시아 전쟁 때 파괴된 것을 B.C.438년 재건한 거다. 원래는 그 옆에 히피아스 집권 시기 B.C.525~B.C.520년 작은 규모로 지어져 있었으나, 지금은 터만 남았다. 히피아스는 B.C.510년 이곳에서 농성하며 버티다 페르시아로 망명한 거다. 히피아스의 아버지 페이시스트라토스는 이곳에서 자해(自害) 가짜 뉴스쇼로 권력을 잡았다. 어떤 수작이었을까?

B.C.560년 페이시스트라토스는 자신이 반대파에게 테러를 당했다는 거짓 소문을 퍼트렸다. 스스로 상처를 낸 자해(自害) 공작이었다. 다음 순서는? 경호를 빙자해 지지자들로 친위대를 만든 뒤, 민주주의를 외치는 민중을 강제 해산시키고 권력을 잡았다. 수단과 방법을 가리지 않는 부도덕한 권모술수는 지속된다. 4년 뒤, B.C.556년 아테네 시민들이 페이시스트라토스를 내쫓았다. 그러자, 감언이설로 민주주의파 지도자 메가클레스의 딸과 결혼에 골인한다. 아테네 정치에 복귀해 다시 독재의 길을 걸었다. B.C.539년 아테네 시민들이 다시 내쫓자, 아내와 이혼한다.

이어 B.C.528년 아르고스 용병 1천 명으로 아테네 민중을 제압하고, 재집권한다. 자해 가짜뉴스, 정략결혼, 외국 용병이라는 책략으로 민주주의를 무너트린 그를 아리스토텔레스가 호평한 것은 아이러니다. 독재자 페이시스트라토스 일족의 권모술수가 정체불명의 가짜 뉴스 모략으로 어지러운 무궁화 금수강산에 어른거린다.

네로는 어떻게 올림픽에서 우승했을까?

10. 고대 그리스 의사당과 현대 의사당에 차이가 있나? 보울레우테리온

22대 국회가 5월 30일 4년 임기에 들어갔다. 2028년 5월 29일까지다. 300명의 국회의원이 4년간 일할 장소는 서울 여의도 국회의사당이다. 인류는 언제부터 의회와 의사당을 만들어 사용했을까? 고대 그리스·로마의 2,500년 전 의사당 건물로 탐방을 떠나 본다.

런던 템즈강 웨스트민스터 궁전-영국 국회의사당

영국 수도 런던 템즈강 북쪽 강변 웨스트민스터(Westminster) 궁전. 웨스트민스터 구에 지어 웨스트민스터 궁이라 부른다. 국회의사당이다. 하늘로 치솟듯 장엄한 퍼펜디큘러 고딕(Perpendicular Gothic, 영국 수직식 고딕) 양식 건물은 영국 민주주의는 물론 현대 민주주의 상징처럼 비친다. 처음 이 자리에 건물이 들어선 것은 앵글로·색슨 계열 잉글랜드 왕조 시절 1015년이다. 여러 차례 증개축을 거쳐 1875년 오늘날의 건물이 위용을 드러냈다.

궁전 동쪽 끝에 붙은 시계탑, 일명 빅벤은 웨스트민스터 궁의 마스코트와 같다. 본건물에 앞서 1859년 완공된 높이 96m 탑은 건축 책임자 벤저

웨스트민스터 궁으로 불리는 영국 의회 의사당. 오른쪽 시계탑은 시공 감독 벤저민의 이름을 따 빅벤으로 불렸으나 엘리자베스 2세 영국 여왕 즉위 60주년을 기념해 2016년 엘리자베스 타워로 개명

빅벤에서 엘리자베스 타워로 이름이 바뀐 시계탑

민 홀(Benjamin Hall)의 이름을 따 빅벤(Big Ben)이라 불렸다. 그러다, 2016년 엘리자베스 2세 즉위 60주년을 맞아 엘리자베스 탑(Elisabeth Tower)으로 이름을 바꿨다.

영국의 의회민주주의 전통은 유구하다. 1215년 대헌장(Magna Carta)에서 보듯 왕이 의회의 허락 없이 세금을 부과할 수 없다는 법을 정했으니 말이다. 영국은 청교도 혁명 와중이던 1649

네로는 어떻게 올림픽에서 우승했을까?

의회 의사당 서쪽 면

년 국왕 찰스 1세를 반역죄로 사형 판결하고 처형하며 공화국 전환을 시
도했다. 물론 10년 만에 왕정으로 복귀했지만, 재판으로 왕의 목을 친 역
사가 있다. 그 재판 현장이 바로 국회의사당인 웨스트민스터 궁전의 1층
웨스트민스터 홀이다. 밖에서 보면 석조 고딕 양식이지만, 웨스트민스터
홀 내부는 기둥 없이 높은 목조 지붕(Hammerbeam Roof)을 특징으로 한다.
14세기 말 헨리 플랜태저넷(Plantagenet) 왕조 리처드 2세 이후 지금까지 원
형을 유지하고 있다.

　웨스트민스터 홀에서 2층으로 올라가면 양원제인 영국의 상원과 하원
본회의장에 이른다. 상원은 붉은색, 하원은 녹색 좌석으로 배치돼 있다.
한국 국회의사당 본회의장과 비교할 수 없을 정도로 소박한 모습에 깜짝

웨스트민스터 홀. 14세기 말 리처드 2세 때 만든 기둥 없는 대형 목조 천장 건물 구조를 그대로 유지하고 있다. 우리로 치면 1394년 완공한 경복궁 건물을 지금까지 그대로 쓰고 있는 셈이다. 영국의 전통이 새삼스럽다. 이곳 웨스트민스터 홀에서 1649년 국왕 찰스 1세 사형 재판이 열렸다.

하원 본회의장. 1837년 완공된 뒤, 1941년 독일 폭격으로 소실된 것을 1950년 복원해 오늘에 이른다.

놀란다. 개인 좌석도 없이 긴 공동의자에 의원들이 몸을 대고 옆으로 이어 앉아 의정활동을 펼친다. 1834년 대화재로 웨스트민스터가 불탄 뒤, 상·하원 본회의장이 1837년 새롭게 들어섰다. 하지만, 당시 모습을 그대로 간직한 상원과 달리 하원은 1941년 2차세계대전 당시 독일의 공습으로 파괴됐고, 1950년 재건돼 오늘에 이른다. 비록 재건됐지만, 19세기 원형을 그대로 살렸다.

네로는 어떻게 올림픽에서 우승했을까?

고대 그리스 로마에서 시작된 영국의 450여년 의회 민주주의 전통

영국이 실질적인 민주주의 국가로 들어선 것은 1688년 명예혁명(Glorious Revolution) 뒤다. 스코틀랜드에서 내려온 스튜어트 왕조 찰스 2세는 1685년 55살로 죽으면서 동생 요크 공작 제임스 2세에게 왕위를 넘긴다. 신교도가 장악한 영국 의회는 가톨릭교도 제임스 2세를 몰아내기로 결의한다. 대신 제임스 2세의 신교도 딸 메리 공주와 남편 오렌지 공(公) 윌리엄을 추대한다. 왕위를 수락한 메리와 남편은 모든 입법과 국정 운영 결정권을 의회로 넘기고 사후 사인만 하는 합의에 서명한다. 피를 흘리지 않고 왕권을 의회로 이관해 명예혁명이라고 부른다. 그 의회가 300년 넘

맨 왼쪽이 셉티무스 세베루스 황제 개선문, 그 오른쪽 건물이 쿠리아 율리아. 로마시대 카이사르 명령으로 건축됐다. 지금 건물은 20세기 들러 무솔리니 시대 복원한 것이다. 개선문과 쿠리아 율리아 일대에 의사당 코미티움이 있었다.

에페소스 오데온. 150년 완공됐다. 시의회 의사당이자 음악 전문 공연장이다.

파에스툼 에클레시아스테리온. 민회(에클레시아) 장소다. 규모로 볼 때 의사당인 것으로 보인다.

게 일하는 장소가 웨스트민스터 궁이다.

이탈리아 로마의 포로 로마노(포럼)로 발길을 옮긴다. 포로 로마노 동쪽은 콜로세움, 서쪽은 1861년 통일 이탈리아 왕국의 초대 비토리오 엠마누엘레 2세 기념관 겸 조국의 제단(전몰 용사 기념비)이다. 이곳은 원래 로마의 3신 유피테르(주피터, 제우스)·유노(주노, 헤라)·미네르바(아테나)의 신전인 카피톨리움(Capitolium) 터다. 고대 로마의 문서 보관소 타불라리움(Tabulrarium)과 감옥도 자리했다. 지금은 카피톨리니 박물관이 들어섰다. 박물관 아래 포럼에 셉티미우스 세베루스(Lucius Septimius Severus, 재위 193~211) 황제 개선문이 자리한다.

개선문 바로 앞이 쿠리아 율리아(Curia Julia)다. 쿠리아는 '회의 장소'라는 뜻이다. 율리아는?

B.C.44년 3월 15일 율리우스 카이사르가 공화파 원로원 의원들이 휘두

　　　　　　　　네로는 어떻게 올림픽에서 우승했을까?

른 칼에 살해당하기 직전 쿠리아 율리아를 착공하며 자기 이름을 땄다. 쿠리아 율리아를 완공시킨 인물은 B.C.29년 그의 후계자 옥타비아누스다. 쿠리아 율리아는 코미티움(Comitium)이라는 거대한 의사당 내 일부 공간이다. 코미티움 역시 '의회'라는 단어에서 파생됐다. 쉽게 생각해서 여의도 국회의사당이 코미티움이면, 쿠리아 율리아는 로텐더홀이라고 할까. 코미티움이나 쿠리아에서 일한 의원들을 세나투스(Senatus), 원로원 의원이라고 불렀다. 양원제를 택하는 나라의 상원 세나트(Senate)는 세나투스에서 나온 말이다. 복원한 쿠리아 율리아 건물 말고 2천여 년 전 의사당 모습을 볼 곳은 없을까?

튀르키예 서부 에게해 연안의 그리스·로마 도시 에페소스(에페스)로 가보자. 동쪽 정문으로 들어가면 왼쪽으로 드넓은 공터가 펼쳐진다. 그리스 시대 만든 국가 아고라. 즉 광장이다. 여기서 서쪽 언덕 아래 극장 같은 시설이 보인다. 오데온(Oedon, Odeion)이다. 오디오, 즉 소리(Audio)를 만

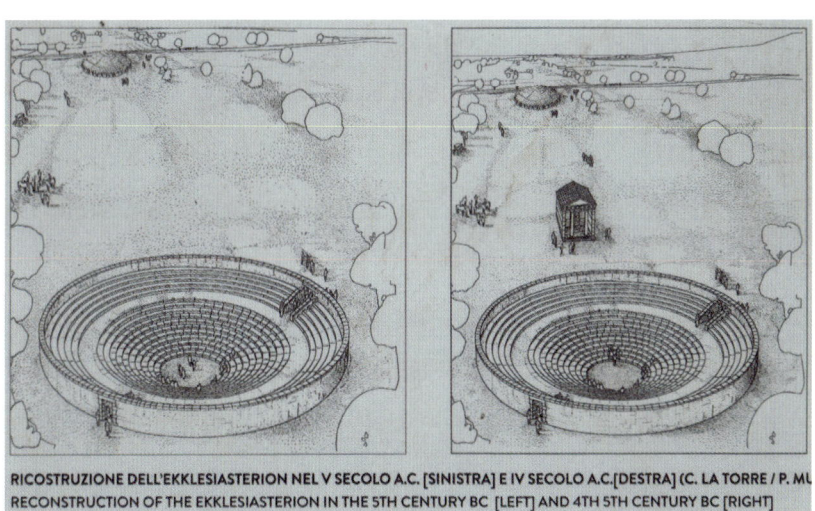

RICOSTRUZIONE DELL'EKKLESIASTERION NEL V SECOLO A.C. [SINISTRA] E IV SECOLO A.C.[DESTRA] (C. LA TORRE / P. MU
RECONSTRUCTION OF THE EKKLESIASTERION IN THE 5TH CENTURY BC [LEFT] AND 4TH 5TH CENTURY BC [RIGHT]

파에스툼 에클레시아스테리온의 B.C.5세기, B.C.4세기 모습. 유적 현장 안내판

프리에네 보울레우테리온. 보울레(의회) 의사
당이다. B.C.150년 완공됐다. 영국 상·하원
본회의장과 판박이다.

프리에네 보울레우테리온. 가운데 발언대

드는 장소(on)다. 소규모이고 지붕을 가진 음악 전문 공연장이다. 오데온
은 다른 용도로도 쓰였다. 의사당. 에페소스 시의원들의 회의 장소가 오데
온이다. 에페소스의 거부 푸블리우스 베디우스 안토니우스(Publius Vedius
Antonius) 부부가 돈을 대 150년 완공시켰다. 수용 규모는 1,500명, 웬만한
로마 도시의 극장만큼 크다. 인류의 의회 역사는 로마에서 시작된 게 아니
다. 그리스다.

　이탈리아 나폴리 남쪽으로 베수비오 화산에 묻혔던 폼페이가 자리한
다. 폼페이에서 남쪽으로 더 내려가면 파에스툼이 나온다. B.C.7세기 그
리스인들이 만든 도시다. 파에스툼 유적지에 특이한 유적이 탐방객을 맞
아준다. 에페소스 오데온은 반원형 극장구조인데, 파에스툼의 이 유적은
완전 원형이다. 오데온? 아니다. 에클레시아스테리온(Ekklesiasterion). 의사
당이다. 고대 그리스에서 민회를 에클레시아(Ekklesia)라고 불렀다. 민회는
시민 전체가 모이는 회의체다. 파에스툼 에클레시아스테리온은 전체 시
민이 모이기에는 좀 작아 보인다. 민회라기보다는 의회 활동 장소로 추정
된다. 표지판 그림에 B.C.5세기, 즉 2,500여년전 에클레시아스테리온의
모습을 그려놨다. 유구한 민주주의 전통이 잘 읽힌다.

네로는 어떻게 올림픽에서 우승했을까?

아테네 보울레우테리온 터. 뒤가 아고라이오스 콜로노스 언덕 헤파이스토스 신전이다.

프리에네 보울레우테리온, 런던 웨스트민스터 의사당 구조

무대를 다시 튀르키예로 옮겨보자. 에페소스에서 차로 1시간여 거리 남쪽에 있는 고대 그리스 도시 프리에네(Priene). 시가지 앞쪽에 자리한 계단식 사각형 건물. 직사각형의 바닥에 탁자가 놓였다. 용도가 머릿속에 떠오른다. 의원 발언대. 의사당이다. 보울레우테리온(Bouleuterion). 고대 그리스에서 보울레(Boule)는 의회를 가리킨다. 보울레는 보울레투스(Bouletus)로 불린 의원들로 구성된다. 에페소스의 오데온 역시 150년 처음 완공할 때 목표는 보울레우테리온이었다.

가로 20m, 세로 21m이며 640명을 수용할 수 있는 규모인 프리에네 보울레우테리온은 사각형 의사당 건물 형태로 원형이 남은 유일한 유적이다. B.C.150년 건축 당시에는 물론 지붕 있는 실내 건물이었다. 생김과 구조가 영국 의사당 웨스트민스터 궁 상·하원 본회의장과 판박이처럼 닮아 더욱 눈길을 끈다. 필자는 이곳을 2000년 이래 3번 탐방했다. 찾을 때마다 유구한 민주주의 역사에 감회가 새롭다.

이제 민주주의의 남상 아테네 아고라로 가 보자. 아고라 북동쪽 언덕 아크로폴리스 꼭대기에 아테나 여신에게 바치는 파르테논 신전이 있다. 아크로폴리스보다는 낮지만, 아고라 북서쪽 언덕 아고라이오스 콜로노스에 헤파이스토스 신전이 자리한다. 신전 바로 아래 아테네 보울레우테리온 터가 남았다. 구건물을 헐고 B.C. 5세기 새로 지은 의사당 보울레우테리온이 어떻게 생겼는지 현장 안내판 그림을 보며 생각에 잠긴다. 그리스·로마 의회와 의사당의 역사 2,500년. 대한민국 의회 역사는? 1948년 제헌의회로 닻을 올렸다. 상해 임시정부부터 따져도 이제 100년을 갓 넘는다. 2,500년 전 의회 의사당 터까지 고스란히 남아 있는 그리스·로마 문명을 되새기며 더욱 성숙한 22대 국회를 기대해 본다. 의사당 건물만 큰들 무엇하랴.

11. 투키디데스 함정은 숙명인가? 델로스 동맹과 펠로폰네소스 전쟁

『펠로폰네소스 전쟁사』가 장안의 화제다. 책 내용은 아테네 중심의 델로스 동맹과 스파르타 중심의 펠로폰네소스 동맹 사이 전쟁이다. 『펠로폰네소스 전쟁사』가 왜 지금까지 외교가의 필독서로 읽힐까?

『펠로폰네소스 전쟁사』의 의의

저자 투키디데스(Thucydides)는 비록 아테네 출신이지만, 아테네에서 도편추방 당해 20여 년 간 조국을 떠나 있으면서 이 책을 썼다. 냉정한 시각으로 엄정한 사료 선택과 객관 서술이 가능했다. 『펠로폰네소스 전쟁사』가 20여 년 앞서 B.C.430년경 쓰인 헤로도토스의 『역사』와 함께 인류사 역사 서술의 비조이자 모범으로 손꼽히는 이유다. 고대 그리스 민족은 단일 국가를 만든 적이 없다. 수백 개의 폴리스(Polis)로 나뉘어 전쟁과 협력을 반복했다.

여기에 동방의 강대 제국 페르시아까지 포함해 전쟁과 평화의 서사시를 썼다. 2천 5백여 년 전 스파르타와 아테네 양강의 충돌은 미·중 갈등과 닮

은꼴이다. 그 틈바구니에서 생존을 모색하는 그리스 폴리스들과 현대 많은 국가들 역시 마찬가지다.

펠로폰네소스 전쟁의 배경과 전개 과정

아테네에서 차를 타고 1시간여 북서쪽으로 달리면 폐허로 변한 유적지가 나온다. 플라타이아이(Plataiai). 8월에 찾아본 플라타이아이는 밀 수확이 끝난 뒤 누런 이삭들만 나뒹굴며 황량했다. 잔해 너머로 바라보이는 벌판에서 B.C.479년 8월, 그리스 민족과 페르시아 제국의 운명이 걸린 전투가 펼쳐졌다. 플라타이아이 전투. 10만여 명의 페르시아군과 8만여 명의 그리스 연합군이 맞붙어 그리스 연합군이 대승을 거뒀다. 그리스 연합군이 1만여 명 사망할 때, 페르시아군은 최소 5만여 명 이상 죽으며 궤멸적인 피해를 입었다.

페르시아는 이후 그리스 정복의 꿈을 접었다. 아테네는 B.C.490년 1차 페르시아 전쟁 때 마라톤 전투, B.C.480년 2차 페르시아 전쟁 때 스파르타 레오니다스 왕과 300명 결사대의 테르모필레 전투, 살라미스 해전, B.C.479년 플라타이아이 전투 승리 뒤 델로스 동맹을 결성하며 그리스 문명권의 새로운 맹주로 떠올랐다.

델로스 유적과 신성한 케인토스 산

델로스 항구 유적과 뒤로 펼쳐지는 델로스 신전 등의 유적지. B.C.478년 델로스 동맹이 결성된 에게해 섬. 지금은 무인도다.

전 세계 그리스 애호가들의 로망 미코노스(Mykonos)섬은 에게해의 진주라 불릴 만하다. 흰 건물과 풍차, 푸른 바다가 어울린 미코노스 항에서 손에 잡힐 듯 가까운 거리에 섬 하나가 보인다. 델로스다. 그리스 신화 태양신 아폴론과 쌍둥이 누나 달의 여신 아르테미스가 태어난 성스러운 섬. 4월 말에 찾은 델로스는 울긋불긋 아네모네 꽃으로 뒤덮인 낭만적인 모습이었다. 7월에 다시 찾아보니 햇볕 가릴 나무조차 없는 무더위의 끝판왕이었다.

아폴론 신전 성역. 델로스 동맹 회의가 열리던 장소다.

아폴론 신전 상징하는 신성한 돌, 지구의 중심을 나타내는 옴팔로스

아폴론 신전 시설들. 아폴론 신전 성역 내에는 델로스 동맹국들이 기증한 많은 시설물이 설치돼 있었다. 금고 또한 이곳에 보관돼 있었다.

이런 델로스에 B.C.478년 아테네 주도로 그리스 도시국가 대표들이 모였다. 주로 에게해와 터키 서부 연안 이오니아 지방 도시국가였다. 페르시아 침략에 취약한 나라들이다. 이들은 페르시아 침략에 대응하고자 델로스 동맹을 결성하고, 아폴론 신전을 크게 지었다. 매년 기금을 모아 아폴론 신전에 보관했다. 지금도 고대 항구를 그대로 이용한다. 항구에서 내리면 왼쪽으로 신성한 길이 나 있고, 그 길을 따라 걸으면 오른쪽이 아폴론 신전 성역이다. 아테

네로는 어떻게 올림픽에서 우승했을까?

낙소스 사자상. 델로스 동맹에 아테네만큼 강력한 영향력을 행사하던 낙소스섬 사람들이 기증한 아폴론 신전 북쪽의 사자상

네 민주주의의 수호자로 평가받는 페리클레스는 아테네에서 매년 이곳에 오는 것이 번잡스럽게 느껴졌다. 이에 그는 B.C. 454년 기금 창고를 델로스에서 아테네 파르테논 신전으로 옮겼다. 아테네는 사금고처럼 돈을 빼쓰며 경제적으로 크게 번영하면서 법, 정치, 학문, 문학, 예술 전반에서 서양 문명, 나아가 지구촌 문명의 원형을 빚어냈다.

전통의 육군 최강 스파르타의 눈에 이렇게 번영하는 아테네가 고울 리 없었다. 펠로폰네소스 반도 남부에 자리한 스파르타는 B.C. 550년대부터 펠로폰네소스 반도 안에 있던 여러 폴리스들과 차례로

아테네 파르테논 신전. 델로스 동맹의 금고를 B.C.454년 이곳 파르테논 신전으로 이전해 아테네 경제 번영의 기초를 닦았다.

페리클레스. 델로스 동맹 금고를 아테네로 이전한 주역. 펠로폰네소스 전쟁 초기 전쟁을 잘 이끌었다. 로마 바티칸 박물관

B.C.480년 2차 페르시아 전쟁 당시 300명의 결사대와 그리스 연합 육군을 인솔해 테르모필레 전투에서 페르시아 대군에 맞선 스파르타 왕 레오니다스 동상. 스파르타

동맹을 맺어 펠로폰네소스 동맹을 만들었다. 펠로폰네소스 동맹의 맹주 스파르타는 헤게몬(Hegemon)이었다. 스파르타와 델로스 동맹의 아테네 사이 충돌은 불가피했다.

투키디데스는 펠로폰네소스 전쟁의 계기를 B.C.433년 케르키라(코르푸섬)와 코린토스 사이 전쟁에서 찾았다. 코린토스는 국내 성경 번역에서 고린도라고 부르는 도시다. 그리스 본토와 펠로폰네소스 반도를 잇는 가느다란 목에 있어서 에게해와 아드리아해를 양쪽으로 접한다. 일찍부터 해상무역을 통해 부를 축적한 비결이다. 신흥 무역 강국으로 등장해 고깝던 아테네가 케르키라 편을 들자, 빈정이 상했다. 대결은 불가피해졌다.

이 무렵 아테네 서쪽에 큰 세력을 형성하고 있던 메가라는 아테네의 무역 제재 조치로 앙심을 품고 있었다. 코린토스와 메가라는 아테네에 불만을 품던 다른 도시국가들과 연합해 B.C.432년 펠로폰네소스 동맹

네로는 어떻게 올림픽에서 우승했을까?

회의 개최를 스파르타에 요구하며 전쟁에 나서라고 다그쳤다. 스파르타 왕 아르키다모스는 전쟁에 부담을 느꼈다. B.C.446년 아테네와 '30년 평화조약'을 체결한 상태였기 때문이다. 하지만, 스파르타 의회가 전쟁 결정을 내리자 어쩔 수 없이 전쟁에 나선다. 펠로폰네소스 전쟁이 터졌다.

펠로폰네소스 전쟁 비용 지출을 다루는 비석의 비문 일부. B.C.431년. 아테네 비문 박물관

　그리스 수도 아테네 시가지는 조금의 인내심만 가지면 주요 유적과 박물관을 걸어 다닐 수 있다. 아테네 고고학 박물관 동쪽에 붙은 그리스 비문 박물관(Epigraphic Meseum)도 마찬가지다. 중국 서안의 비림(碑林) 박물관과 비슷하면서도 더 압도적이다. 서안 비림 박물관은 후한 시대, 그러니까 2세기 이후 비석을 전시하나, 아테네 비문 박물관은 B.C.8세기 그리스 문자가 등장하던 시기 비문부터 전시 중이니, 1천여 년을 앞선다.

　박물관의 비문에서는 펠로폰네소스 전쟁 때 아테네가 델로스 동맹국들에게 분담금을 높여 받는 내용, 펠로폰네소스 전쟁에서 숨진 아테네 시민 병사 명단…. 2천500여 년 전 펠로폰네소스 전쟁의 실상이 실시간으로 펼쳐진다. 전쟁 초기 10년을 아르키다모스 전쟁(B.C.431~B.C.421)이라고 부른다. 스파르타 왕 아르키다모스가 육군을 동원해 아테네를 공격하면 아테네가 농성전으로 버티면서 우세한 해군을 활용해 바다에서 공략하는 전법을 썼다. 아테네 지도자 페리클레스가 초기에 세운 전략이었다.

　이런 식으로 교착상태이던 전쟁은 B.C.421년 니키아스 협약으로 10년 만에 평화로 갈무리되는 듯했다. 하지만, B.C.415년 아테네가 전쟁론자 알

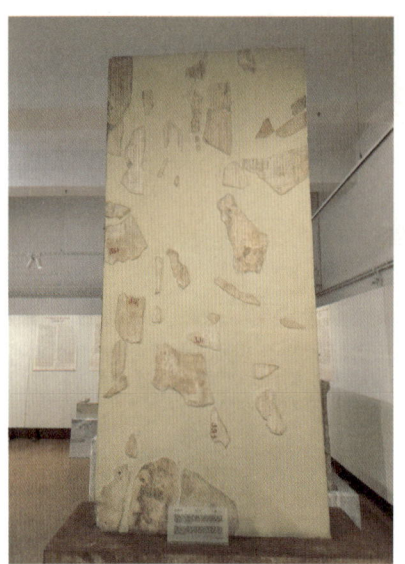

펠레폰네소스 전쟁 기간 델로스 동맹 가맹국들에게 할당금 증액을 요구하는 아테네의 결정이 담긴 포고령. B.C.424년. 아테네 비문 박물관

펠로폰네소스 전쟁 당시 희생된 아테네 시민의 명복을 빌며 넋을 위로하는 비석의 시민 명단. B.C.411년. 아테네 비문 박물관

키비아데스의 선동에 따라 시칠리아를 공격하면서 전쟁이 재개됐다. 시칠리아 원정은 B.C. 413년 아테네의 참패로 끝났다. 아테네는 대혼란에 빠졌고, B.C. 411년 프리니쿠스가 주도한 쿠데타로 민주 체제마저 전복됐다. 다행히 트라시불로스 장군의 진압으로 민주정을 되찾고 군대를 재건하지만, 아테네는 B.C. 404년 스파르타에 최종적으로 패배한다.

아테네에 무혈입성한 스파르타군은 아테네에 가혹한 짐을 지운다. 지중해 최강 아테네 함대는 스파르타 손으로 넘어갔다. 스파르타 육군의 공격 때 버틸 수 있던 비결인 아테네 보호 성벽이 헐렸다. 아테네 제국주의의 정치적 밑바탕이자 경제 번영의 디딤돌이던 델로스 동맹도 해산됐다. 더욱 굴욕적이었던 스파르타의 요구는 아테네 민주주의 해체다. 민주정치가 붕괴하고 '30인 독재정치'가 등장했다. 다행히 트라시불로스 장군이

네로는 어떻게 올림픽에서 우승했을까?

B.C.411년 프리니쿠스 등이 쿠데타를 일으켜 민주정치를 전복했다. 이때 프리니쿠스를 죽이고 민주주의 회복시킨 트라시볼로스를 기념하는 포고령이 담긴 비석. B.C.410년. 아테네 비문 박물관

B.C.411년에 이어 '30인 독재정치' 체제를 뒤엎고 민주정치를 회복시켰다. 하지만, 이미 아테네는 정치, 군사, 경제적으로 서산에 지는 해였다. 승자인 스파르타 역시 뛰어난 군사력과 달리, 외교 안목 부족과 통솔력 부족으로 결국 패권을 놓치고 만다.

투키디데스 함정과 전쟁의 교훈

투키디데스가 B.C.411년까지만 다룬 『펠로폰네소스 전쟁사』에서 '투키디데스 함정'이란 용어가 생겼다. 기존 패권국과 신흥 강국이 결국 충돌한다는 통찰이다. 20세기 말 소련 해체로 1강을 구축한 미국 패권에 21세기 중국이 도전 중이다. 펠로폰네소스 전쟁을 보면 영원한 강자도 승자도 없이 언제든 위기를 맞는다. 하물며 강자들 틈바구니에 낀 약소국은 고도의 정세 판단 능력과 실용적 외교력을 발휘하지 못하면 생존하기 어렵다. 탁상 이념이 끼어들 여지는 좁다.

12. 함무라비 왕과 한니발의 공통점은? 용병

우크라이나 전쟁의 중심에 푸틴과 함께 프리고진의 바그너 용병그룹이 어른거린다. 나치 히틀러가 존경했던 독일의 19세기 오페라 작가, 「트리스탄과 이졸데」와 「니벨룽겐의 반지」로 이름 높은 리하르트 바그너라는 이름이 전쟁범죄의 한가운데 우뚝 설 줄이야….

「해바라기」. 소피아 로렌이 전성기를 구가하던 1970년 열연한 영화다. 냉전 시대 철의 장막 소련에서 촬영된 영화라 상영 금지되다 1982년에서야 국내 개봉됐다. 거기서 다시 몇 년 흘러 학창 시절 재개봉관에서 눈시울 적시던 기억이 새롭다. 영화음악의 거장 헨리 맨시니의 감미로운 사랑의 테마 선율에 휘감겨 끝없이 펼쳐지던 샛노란 해바라기밭. 촬영지는 우크라이나 수도 키이우에서 동남쪽에 자리한 폴타바 지역이다. 해바라기밭은 2차 세계 대전 중 나치 독일 침략에 치열한 전투가 펼쳐졌던 전장이다.

이후 80여 년이 흘러 그 해바라기밭으로 다시 군인들이 들이닥쳤다. 러시아의 우크라이나 침공. 비극의 전쟁은 끝을 모른 채 이어진다. 멀쩡한 우크라이나 도시들이 파괴되고, 많은 인명피해가 났다. 전쟁 전 찾았던 아

우크라이나 수도 키이우. 드니프로(Dnipro)강이 흐르는 아름다운 수변 도시다.

름다운 드니프로(Dnipro) 강변의 수도 키이우도 제모습을 잃었다. 침략자 러시아인의 피해도 만만찮다. 영화 속 소피아 로렌의 비련은 지금도 바로 그 해바라기밭에서 현재진행형이다. 그런데 인류는 언제부터 용병을 활용했을까?

함무라비 법전, 메소포타미아 용병 기록

인류 역사 문화유산의 보고 파리 루브르로 가 보자. 리슐리외관 메소포타미아 전시실로 가면 검은색 섬록암 비석이 비범한 자태를 뽐낸다. 함무라비 법전. 이란의 역사 고도, 수사에서 1901년 프랑스 고고학팀이 발굴해 가져왔다. 높이 225㎝ 비석법전은 고바빌로니아 왕국 함무라비(재위 B.C.1790~B.C.1750) 왕 치세기에 제작됐다. 서문과 282개 법 조항을 수메르

함무라비 왕과 태양신 샤마시. B.C.18세기. 파리 루브르 박물관

쐐기문자로 적었다. 언어는 수메르 민족을 몰아내고 등장한 셈족 아카드인의 아카드어. 일부 마모된 부분을 빼고 246개 조항이 판독됐다.

시카고 대학 하퍼 박사가 1904년 펴낸 『바빌론왕 함무라비 법전(1904년)』을 펼쳐 보면. 26조에 용병 관련 언급이 나온다. 원문을 읽어보자.

"만약 장교나 군인이 전쟁을 위한 왕의 명을 따르라는 명령을 받고도 가지 않거나 용병을 쓰고도 보상금을 주지 않을 경우 사형에 처한다."

그러니까 전쟁터에 나가기 싫으면 용병을 쓰되 반드시 대가를 지불하라는 의무 조항을 담는다.

이집트에 온 다양한 국가의 용병들

무대를 독일 수도 베를린 노이에스(신) 박물관으로 옮겨보자. 고대 이집트 신왕국 18왕조 때 B.C.14세기 그림에는 메소포타미아 스타일의 짧은 치마를 입은 건장한 남성이 허리춤에 칼을 차고 앉았다. 긴 수염은 메소포타미아의 상징이다. 오른쪽에 이집트인 아내, 가운데 이집트 하인이 지켜보는 가운데 맥주를 마시는 이 인물은 메소포타미아 용병이다.

눈으로 확인한, 가장 오래된 이집트 용병 관련 유물은 이탈리아 북부 공업도시 토리노 이집트 박물관에서 탐방객을 기다린다. 이탈리아의 이집트 학자 스키파렐리가 이집트 역사 제1중간기(B.C.22~B.C.20세기, 7~11왕조) 무덤에서 발굴한 조각이다. 무덤 주인공 트제네누가 아내와 함께 왼쪽에 서 있다. 누비아(수단) 출신 흑인이다. 허리춤에 찬 띠가 이를 말해준다. 왼손에는 긴 활, 오른손에는 화살

이집트의 메소포타미아 용병. 맥주를 마시는 장면이다. B.C.14세기. 베를린 노이에스 박물관

통을 들었다. 이집트에서 고용한 흑인 궁수다. 그 앞에 하인이 1명, 뒤로 4명의 흑인 궁수가 더 보인다. 4명 모두 화살통과 활을 들었다. 트제네누의 형제들로 용병이다.

같은 시기, 즉 제1중간기 군대 책임자이자 궁정 재무관 이티의 룩소르 남부 게벨레인 무덤에서 1911년 출토한 프레스코에는 4명의 궁수가 긴 활을 들고 등장한다. 2명씩 피부색이 다르다. 이민족 용병임을 말해준다. 당시 요르단, 시리아, 아나톨리아 출신도 용병으로 왔다. 이렇게 근동 아시아

인 용병을 마리야누(Maryannu)라고 불렀다. '젊은 전사'라는 뜻이다. 전차를 타고 활을 쏘는 용병 전사다.

B.C.664년 이집트 프삼티크 1세(Psamtik I, 재위 B.C.664~B.C.610)는 그리스 용병을 대거 고용해 권력 기반을 구축했다. 아들 네코 2세(Nechoh II, 재위 B.C.610~B.

누비아(수단) 출신 용병 트제네누와 부인. 손에 큰 활과 화살통을 든 궁수다. 트제네누 앞의 하인 1명을 제외하고 그 뒤 4명 역시 궁수 용병으로 트제네누의 흑인 형제들이다. B.C.22~B.C.20세기. 토리노 이집트 박물관

피부색이 다른 이집트 궁수들. 용병임을 말해준다.
B.C.22~B.C.20세기. 토리노 이집트 박물관

C.595)를 거쳐 네코 2세의 아들 프삼티크 2세(Psamtik II, 재위 B.C.595~B.C.589) 때 온 그리스 용병들은 아부심벨의 람세스 2세 동상에 그리스어로 글을 남기기도 했다. 프삼티크 2세의 아들 아프리에스(Apries, 재위 B.C.589~B.C.570) 파라오 때

그리스 용병들이 반란을 일으켰고, 이를 다시 그리스 용병으로 막는 웃지 못할 일도 벌어졌다. 이 틈에 쿠데타를 일으켜 새로 파라오가 된 아마시스 (Amasis II, 재위 B.C.570~B.C.526)는 비옥한 나일 삼각주에 외국인 전용 도시 나우크라티스를 건설하고 그리스 용병들에게 거주를 허용했다.

그리스인들은 B.C.776년부터 올림픽을 시작했고, 덕분에 평소 체력 단련에 열심이었다. 강인한 체력은 전투력과 직결돼 부국 이집트의 용병으로 제격이었다. B.C.570년 이후 이집트는 나우크라티스를 중심으로 한 그리스 용병과 그리스 거주민들이 사실상 권력을 휘두르는 나라가 됐다. 이때부터 그리스 본토로 이집트 문화가 대거 유입돼 그리스 문화 발전에 크게 기여한다.

그리스인에게 대거 특혜를 준 아마시스에 이어 프삼티크 3세(Psamtik III, 재위 B.C.526~B.

스핑크스 모습의 아프리에스 파라오. 고대 이집트 말기 파라오로 그리스 출신 용병을 대거 고용했다. B.C.6세기. 루브르 박물관

네로는 어떻게 올림픽에서 우승했을까?

프삼티크 2세 사자의 서. 루브르 박물관

C.525) 시기 페르시아 캄비세스 2세가 이집트를 정복 및 지배했다. 이후 이집트는 페르시아 지배와 토착 이집트 왕조의 부활을 반복하는데, 여기에 결정적인 변수는 그리스 출신 용병이었다. 2만여 명에 달하는 그리스 용병들이 페르시아와 이집트 가운데 돈을 더 주는 쪽으로 오가며 승부를 갈랐다. 이런 전투 양상의 최후 혈전이 B.C. 343년 나일강 하구 이집트 요새 펠루시움에서 펼쳐졌다.

양쪽 선봉은 그리스 용병이었다. 페르시아에 고용된 그리스 용병들이 이집트 측 그리스 용병을 압도했다. 이집트의 마지막 파라오 넥타네보 2세가 물러나고, 이집트는 페르시아 지배로 들어갔다. 하지만, 10년 뒤 B.C. 333년 알렉산더가 그리스 연합군을 이끌고 페르시아를 물리치면서 이집트는 그리스 용병이 아닌 마케도니아 출신 그리스 왕조 지배 시대로 들어섰다.

로마-카르타고 전쟁에서 활약한 용병 부대들

넥타네보 2세와 이시스 여신. 고대 이집트 마지막 파라오다. 그리스 용병을 고용해 페르시아에 맞섰지만, 페르시아가 고용한 그리스 용병에 패한다. B.C.4세기. 루브르 박물관

북아프리카의 진주 튀니지 수도 튀니스로 가보자. 아름다운 바닷가 해안 도시 튀니스는 이슬람 시대 건설된 신시가지다. 바닷가에 바로 붙은 구시가지는 인류사에 빛나는 궤적을 남긴 카르타고다. 명장 한니

카르타고 로마유적. 카르타고는 B.C.146년 3차 포에니 전쟁 뒤 로마에 의해 폐허가 됐다. 이후 B.C.1세기 로마 도시로 재건됐다.

발이 B.C. 202년 카르타고 근처 자마에서 로마의 명장 스키피오와 양국의 운명을 걸고 맞붙었다. 한니발 병력은 보병 4만 5천 명에 기병 6천 명, 코끼리 80마리. 스키피오는 보병 3만 4천 명에 기병 6천 명. 이때 한니발 군단은 맨 앞에 전투용 코끼리 80마리를 세우고, 3줄로 군대를 편성했다. 첫줄은 갈리아와 리구리아에서 사 온 용병을 세웠다. 둘째 줄은 북아프리카 용병과 카르타고인, 셋째 줄은 자신과 동고동락(同苦同樂)한 병사들, 양옆으로는 기병대를 세웠다.

로마의 스키피오는 맨 앞줄에 보잘것없는 무기의 '하스타티(가난한 병사)', 다음 '프린키페스(일반 시민)'의 중무장 보병, 셋째 줄에 부유층과 노병, 좌우에 로마 기병대와 제휴 국가인 토착 마시니사 왕 기병대를 배치했다. 로마 시민 병사와 카르타고 용병의 대결에서 승부를 가른 결정적인 변수는 로마 측에 선 사실상의 용병 마시니사 기병대였다. 이 2차 포에니 전쟁 패배로 사실상 카르타고는 멸망의 길로 접어들었다.

우크라이나 전쟁에서 러시아 측 용병 바그너 그룹 군대가 중심 역할을 수행했듯, 고대 인류사 주요 전투의 운명을 용병이 갈랐다는 점에 입맛이 씁쓸해진다.

13. 지구촌 민주혁명의 대명사는? 프랑스 대혁명

프랑스 부르봉 왕실의 창시자 앙리 4세의 두 번째 왕비인 피렌체 메디치 가문 출신 마리 드 메디시스(Marie de Médicis, 1573~1642)를 위해 센 강변에 조성된 산책로 샹젤리제(Champs-Élysées, 그리스 신화에서 정의로운 사람들이 사는 사후세계, 낙원). 지금은 전 세계 패션계를 상징하는 루이뷔통, 샤넬, 에르메스 명품관이 즐비한 1.8㎞ 길이의 관광 중심지다. 샹젤리제 북서쪽 끝자락에 개선문이 높이 솟았다. 나폴레옹이 만든 이 개선문은 로마 황제 개선문을 본떴다. 개선문이 자리한 샤를 드골 광장은 사방 12개 도로가 방사선으로 펼쳐진다. 전 세계 자유민주주의 국가의 기본 이념으로 정착된 자유, 평등, 박애 3대 인권 정신을 잉태한 1789년 프랑스 대혁명의 역사로 거슬러 올라가 본다.

프랑스 대혁명의 배경과 3대 정신인 자유·평등·박애

파리 시테섬의 노트르담 성당에서 센강 아르콜 다리(1796년 나폴레옹이 오스트리아군을 물리친 아르콜 전투 기념)를 건너 20분여 걸으면 바스티유 광장이 나

루이뷔통, 크리스챤 디올 등의 명품관이 즐비한 샹젤리제 거리와 개선문

온다. 1만여 명의 파리 시민이 1789년 7월 14일 정치범 수용소 바스티유 감옥을 습격하면서 불타오른 프랑스 대혁명 발생 현장이다. 시민들은 바스티유 감옥 무기고를 탈취해 혁명의 불을 지폈다.

오페라 가르니에 천장화. 건물은 1875년 완공했고, 천장화는 초현실주의 화가 샤갈이 1964년 그렸다.

광장 한가운데 1830년 7월 혁명을 기념하는 탑이 우뚝 솟아 혁명정신을 드높인다. 탑 북쪽으로 바스티유 감옥 터는 지금 국립 오페라 극장으로 바뀌었다. 1989년 프랑스 대혁명 200주년을 맞아 사회당 미테랑 정부가 민중이 주인이 되는 프

개선문. 아치 아래로 멀리 고층 건물군이 라데팡스

랑스 대혁명을 기념해 만들었다. 1875년 완공한 오페라 가르니에 극장은
화려하며 권위적인 색채가 강하다. 일반 국민도 착한 비용에 오페라를 마
음껏 감상하는 것이 프랑스 대혁명의 정신. 국민이 주인 되는 나라와 어울
린다는 취지로 만든 극장이다.

　프랑스 대혁명의 3대 정신인 자유(리베르테, Liberte), 평등(에갈리테, Egalite),
보편적 사랑의 형제애인 박애(프라테르니테, Fraternite)는 프랑스 공화국의 밑
바탕을 이룬다. 유럽 국가 모두 자유민주주의 인권 국가지만, 프랑스에서
인종이나 민족, 종교적 편견이 상대적으로 딜한 것은 바로 이 공화국 혁명
정신과 문화 덕분이라고 볼 수 있다. 이러한 프랑스 대혁명은 어떤 계기로
발생했을까?

　파리 시내에서 서쪽으로 15㎞ 정도 거리에 베르사유 궁전이 자리한다.

네로는 어떻게 올림픽에서 우승했을까?

전철 C선을 타면 50여 분 만에 도착한다. 베르사유 역에서 내려 10분여 고풍스러운 시가지를 가로질러 걸으면 프랑스 절대왕정을 상징하는 호화궁전 베르사유가 나온다. 17세기 프랑스 루이 14세 때 신천지 아메리카에서 벌어들인 돈으로 지었다. 태양왕 루이 14세가 완공한 뒤로, 대를 이은 증손자 루이 15세, 뒤를 이은 손자 루이 16세, 이렇게 3명의 왕은 파리를 떠나 베르사유에 살았다. 주요 귀족과 외교사절도 마찬가지다. 파리는 일종의 슬럼가라고 할까.

1615년 루이 14세 이후 단 한 번도 개최되지 않았던 삼부회가 무려 174년 만인 1789년 5월 5일 베르사유에서 열렸다. 삼부회는 프랑스에만 있는 독특한 의회다. 당시 영국 의회와 달리 프랑스 의회는 신부 등의 사제 계

바스티유 광장의 7월 혁명탑과 바스티유 극장

파리 레퓌블리크(공화국) 광장의 공화국 여신 마리안(Marianne)상. 1883년 건립. 쥘 달루가
조각했다.

급, 토지 귀족 계급, 평민 계급의 3부로 나뉘었다. 법안이 올라오면 부별
심의를 하다 보니 평민회 입장에서는 특권층인 토지 귀족이나 사제 계급
의 심사에 밀릴 수밖에 없다. 이에 평민과 특권 신분 사이에 심각한 대립
이 벌어졌다.

6월 17일 부별 심의에 반대하는 미라보 등이 영국식의 신분 차별을 없
앤 통합의회, 즉 국민의회를 구성하고 왕당파의 반대 속에 통과시켰다. 국
왕 루이 16세는 삼부회 책임자 네케르를 7월 11일 파면하는 것으로 국민
의회에 맞섰다. 왕의 명을 받은 군대가 베르사유 주변에 배치됐다. 국왕이
탄압할 것이라는 소식을 들은 파리 시민들이 개혁을 열망하며 7월 14일
바스티유 습격으로 혁명의 방아쇠를 당겼다.

프랑스 대혁명의 기폭제가 된 삼부회 개최의 배경은 재정 고갈이다. 국
고가 바닥났다. 그 직접적인 원인은 미국 독립 전쟁 지원이다. 17세기 이

네로는 어떻게 올림픽에서 우승했을까?

루이 14세 동상과 베르사유 궁전

후 영국과 프랑스는 지구촌 각지에서 식민지 쟁탈전을 벌였다. 프랑스가 패하고, 1763년 베르사유 조약을 맺었다. 프랑스는 북아메리카와 인도에서 손을 떼고 영국에 넘겼다. 그때 영국이 프랑스와 전쟁에 들어간 비용을 벌충하기 위해 북아메리카에 막대한 세금을 물렸다. 이에 반발한 영국 식민주의자들이 미국 독립을 선언했다. 1776년 독립전쟁이 터졌다.

프랑스는 못 먹는 감 찔러본다는 심정으로 막대한 예산을 들여 미국을 도왔다. 1781년 요크타운 해전에서 미국 독립군과 프랑스의 연합함대가 영국함대를 굴복시켰다. 1783년 20년 만에 다시 한번 베르사유 조약이 맺어졌다. 이번에는 영국이 무릎을 꿇었다. 미국은 독립을 인정받았다. 프랑스는 엄청난 재정 적자의 부메랑을 맞았다. 6년 뒤 이 문제를 타개하기 위해 1789년 5월 5일 루이 16세가 삼부회를 소집한 거다.

프랑스 대혁명의 더욱 근원적인 배경은 계몽사상의 확산이다. 영국은

베르사유 거울의 방. 다양한 조약이 맺어지는 회의 장소다.

1688년 명예혁명을 통해 입헌군주국가의 법치 체계를 갖췄다. 의회 권력이 왕권에 앞서는 민주개혁이 이뤄졌다. 토머스 홉스, 존 로크 등의 계몽사상가들은 국가라는 공동체가 왕권신수설에 따른 왕의 소유물이 아니라고 설파했다. 시민이 만인 대 만인의 투쟁이라는 불안 상태를 극복하고, 자신의 안위와 행복을 보장받기 위해 자발적으로 국가를 만든다는 시민 계약론 사상을 싹틔웠다.

시민 계약론은 18세기 미국 독립사상의 뿌리가 됐고, 프랑스로도 번졌다. 루소, 볼테르, 몽테스키외 등이 백과사전을 펴내면서 그 속에 자유 인권사상을 담았다. 백과전서파라는 이름이 생긴 이유다. 당국이 금서로 지정했지만, 금서가 더 잘 팔리는 법이다. 프랑스 지식인은 물론 부르주아 사회 전반에 자유 민주 사상이 퍼져 나갔다. 마침, 유럽 사회에 들불처럼 번진 카페와 살롱 문화는 계몽사상 확산의 모태였다.

네로는 어떻게 올림픽에서 우승했을까?

전 세계에 영향을 미친 프랑스 대혁명

7월 19일 바스티유 습격 이후 혁명의 불길이 파리에서 지방 각지로 급속히 확산했다. 이미 퍼진 자유 민권 사상에 부르봉 왕실의 사치와 실정까지 겹쳐 걷잡을 수 없이 번졌다. 혁명 주도 세력은 삼부회를 국민의회로, 이어 헌법제정의회로 바꿨다. 헌법 제정의회는 프랑스의 구체제인 앙시앵 레짐(ancien régime)을 버리고 새로운 나라의 기본 헌법을 만들기 위해 맨 먼저 신분제부터 폐지했다. 8월 26일 라파예트 등이 자유, 평등, 박애 정신에 기초한 '인권선언'을 가결했다. 왕권신수설이 물러난 자리에 천부인권 사상이 단단히 뿌리내렸다. 이후 100여 년 우여곡절을 겪지만, 오늘날 프랑스 공화국은 그렇게 첫발을 내디뎠다. 그리고 전 세계 수많은 나라에 민주주의와 인권 혁명이라는 불을 지폈다.

트리아농. 마리 앙투아네트 거주. 베르사유.

베르사유 왕실 성당. 바로크 양식.

네로는 어떻게
올림픽에서 우승했을까?

세계사로 읽는 문화·예술·정치 이야기

2025년 9월 25일 초판 1쇄 발행

지은이   김문환
펴낸이   권이지
편 집   권이지 · 이정아

인 쇄   금강인쇄
펴낸곳   홀리데이북스
등 록   2014년 11월 20일 제2014-000092호
주 소   서울시 금천구 가산디지털1로 16 가산2차 SKV1AP타워 1415호

전 화   02-6223-2302
팩 스   02-6223-2303
E-mail   editor@holidaybooks.co.kr

ISBN   979-11-91381-21-4 (03900)